도시공동체
공유경제
착한 소비
에너지 자립
게릴라 가드닝
도시농부
윤리적 여행

지구인의 도시 사용법

도시에서 생태적으로 살기 20

박경화 지음

contents

Part 03

도시에서
생태적으로 사는 법

Part 04

인간과 지구의
공존 프로젝트

도시에서
생태적인
삶이
가능할까요?

"환경오염 때문에 지구가 멸망하지 않을까요?"

강의가 끝나갈 무렵, 한 아이가 손을 번쩍 들고 질문했다. 다른 학생들도 매우 궁금하다는 듯 일제히 모든 시선이 내게로 쏠렸다.

"사람은 이성을 가진 존재예요. 환경문제가 생기면 사람들은 이것을 해결하고 더 나은 삶을 살기 위해 노력해요."

고로, 지금 우리 곁에서 일어나는 환경문제에 대해 잘 알아야 하고, 우리가 함께 노력하면 지구가 멸망하는 일은 없을 것이라고 설명했다. 그제야 아이들의 표정이 밝아지면서 고개를 끄덕이기 시작했다. 나는 종종 이런 질문을 받는다. 환경문제는 매우 다양하고 국경을 넘어 아주 광범위하게 일어나고 있기 때문에 이 소식을 접하면 사람들은 공포와 우울, 절망감에 빠지는 모양이다. 그러나 공포와 절망이 문제를 해결해주진 않는다.

나는 지금 메가시티 서울에 산다. 서울의 인구는 10,369,067명(2015년 3월 기준), 천만 명이 넘는 사람들이 모여 사는, 세계에서도 손꼽히는 거대하고 복잡한 도시이다. 서울의 인구가 예년에 비해 조금씩 줄어들고 있다지만 여전히 좁은 면적에 너무나 많은 사람들이 다닥다닥 모여 살고 있다. 전 세계의 도시는 지구 전체 면적의 3%를 차지하고 있는데, 이곳에 인구의 50%가 집중되어 살고 있고, 자원의 75%를 소비하고 있다. 더불어 폐기물의 75%도 도시 사람들이 만들어내고 있다. 너무 가까이 모여 살다 보니 정겨운 이웃사촌은 층간소음을 일으키고 주차 시비, 쓰레기 문제 등 서로에게 피해를 주는 존재들로 변해버렸다.

그러나 도시는 또 다른 얼굴을 가지고 있다. 인간의 역사가 시작된 이래 새로운 문화와 유행은 도시에서 시작되었고, 찬란한 문명의 발생 역시 도시에서 비롯되었다. 저마다의 개성을 가진 도시인들은 머리를 맞대 현실의 어려움을 극복하기 위한 대안을 찾고, 불편을 해소하기 위해 적극 노력한다. 저마다 자신이 할 수 있는 일을 찾고 관계기관에도 당당하게 요구한다.

이 책에는 현재 도시에서 벌어지고 있는 대안의 사례를 담았다. "도시에서는 어려워, 도시에서는 불가능해, 도시에서는 해봤자야" 하는 고정관념을 넘어 도시에서 실제 시도하고 있는 생태적인 삶과 적극적인 환경실천법을 찾아 나섰다. 지금 도시 여기저기에서 사람들은 매우 적극적인 시도를 하고 있고, 개중에는 놀랍고 신선한 사례들도 무척 많았다. 도시에서 한계는 없었다.

그중에서 누구나 시도해볼 수 있는 것, 도시에서 보편적으로 할 수 있는 생태적인 방법, 행복을 꿈꾸는 지구인을 위한 도시 사용법을 추려 담았다. 주제와 관련 있는 더 자세한 정보를 얻을 수 있는 홈페이지와 책 소개는 물론, '더 알아보기' 편에서는 왜 이런 환경실천이 필요한지를 소개했다. 이 책에 담긴 사례는 여전히 진행 중이라 얼마 지나지 않아 새로운 방법이 등장할 것이고, 더욱 놀라운 움직임도 속속 등장할 것이다. 이런 즐거운 변화가 계속 이어져 이 책의 내용이 더 이상 신선하지 않은 날이 어서 오기를 기대하면서 새로운 책을 세상에 내놓는다.

2004년 ≪도시에서 생태적으로 사는 법≫이라는 책을 펴낸 이후로 10년이 흘렀다. 강산도 변한다는 10년 동안 환경에 대한 인식은 부쩍 높아졌다. 태양광집열판을 설치하는 집이 있고, 패시브 하우스에 대한 관심도 높고, 태양에너지를 생산하는 협동조합도 탄생했다. 빗물 이용과 텃밭 가꾸기는 누구나 다 아는 상식이 되었고, 게릴라 가드닝에 도전하는 이들도 늘어나고 있다. 내가 가진 물건뿐 아니라 자동차, 집을 공유하면서 인생을 즐기는 사람들도 생겨났다. 기업은 친환경 이미지를 만들기 위해 애쓰고 있고, 지자체의 환경정책도 부쩍 늘었고, 세계의 생태도시들은 환경정책을 서로 공유하고 있다. 10년 전에는 과연 될까, 그저 상상에 지나지 않을까 생각했던 일들이 현실로 다가왔다.

도시에서 생태적으로 사는 법은 여전히 유효하다. 도시 사람들의 삶이 지구생태계에 너무나 큰 영향을 미치기 때문이다. 생태적인 삶은 자연의 순리를 따르는 삶이다. 나에게 필요한 것만 소유하고 더 많은 것을 탐내지 않는 삶이다. 자연생태계에서 인간 외에 다른 생명들은 모두 이런 순리를 따르고 있다. 도시 사람들의 삶이 지금보다 단순 소박해지고 생태적인 삶으로 바뀌면 이 어지럽고 복잡한 도시도 평화로운 공간으로 변할 수 있을 것이다. 도시 역시 우리가 행복하게 살아야 할 소중한 터전이기 때문이다.

"나 혼자 노력한다고 되겠어요?"

세상의 모든 변화는 작은 하나에서부터 시작된다. 내가 바뀌면 세상이 바뀐다. 변화의 시작은 바로 나다.

2015년 6월
박 경 화

지구인의 도시 사용법

01

덜
소유하고
더
잘 사는 법

플라스틱은
전혀 분해되지 않았다

　　"허~억, 허~억…."

　　붉은바다거북은 연신 거칠고도 깊은 숨소리를 냈다. 사람이든 야생동물이든 새 생명을 탄생시키는 출산은 위대하고도 고통스러운 모양이다. 붉은바다거북의 꽁지에서는 탁구공 크기만 한 알이 빠져나와 모래구덩이 안으로 떨어졌다. 알은 물기가 있어 촉촉하고 매우 부드러워 보였다. 먼저 낳은알 위에 새로운 알이 두 개씩 시간 차를 두고 차례차례 떨어졌다. 그때마다어미는 매우 거칠고 깊은 숨을 내쉬었다.

　　이곳은 일본 야쿠시마, 규슈 섬에서 남쪽으로 약 60㎞ 떨어져 있는 작은섬이다. 거대하고 웅장한 조몬 삼나무가 살고 있고 숲의 나무와 돌 등에 푸른 이끼가 융단처럼 깔려 있어 매우 신비로운 숲으로 유명하다. 1993년 유네스코 세계유산으로 선정된 이 아름다운 섬은 바다거북 산란지로도 유명하다. 이곳에는 6월에서 8월 초 사이에 바다거북이 알을 낳으러 찾아오는데, 운이 좋게도 마침 우리가 방문했을 때가 산란기였다. 해가 지고 짙은 어둠이 내려앉은 6월 하순, 숙소에서 10분가량을 걸어 바다거북 산란지로 찾아갔다. 어두운 곳에서 과연 무엇을 볼 수 있을까 하는 가벼운 마음으로 일행을 따라나섰는데, 바닷가에 이르렀을 무렵 깜짝 놀랐다. 우리보다 먼저 도착한 사람들 60여 명가량이 교육장에 앉아 바다거북의 생태와 주의할 점에 대해 사전교육을 받고 있었다. 밤 9시, 잠자리에나 들 이 늦은 밤에 말이다. 20대 젊은이부터 60~70대 어르신, 유럽에서 온 외국인들까지, 모두들 조용히 앉아 해설자의 이야기에 집중하고 있었다.

교육이 끝나자 사람들은 한 줄로 나란히 서서 캄캄한 바닷가로 천천히 걸어갔다. 해설자는 교육장을 나가는 순간부터 조용히 입을 닫고 휴대전화와 카메라는 물론 손전등도 사용할 수 없고, 모래밭에 미끄러질 수 있으니 조심해서 걸으라고 거듭 당부했다. 짙은 어둠 속에서 바다거북은 한창 알을 낳고 있었다. 사람들은 그 곁에 둥글게 원을 그리듯이 조용히 둘러앉았다. 바다거북이 알을 낳으러 오면 자리를 잡을 때까지 접근하지 않다가 낳기 시작하면 조용히 관찰하는 방식이었다. 최대한 피해를 주지 않으려고 했지만 그래도 힘든 출산을 하는 어미에게 미안한 마음이 들었다.

오늘은 모두 4마리가 알을 낳으러 왔는데, 바닷물이 만조라서 모래해변 가까이에 와서 자리를 잡았다. 썰물 때는 바다 쪽으로 한참을 걸어가야 바다거북의 산란을 관찰할 수 있단다. 어미 거북은 모래구덩이를 50㎝가량 파서 구덩이 안에 100개가량의 알을 낳는데, 알들은 모래 안에서 70일이 지나야 깨어난다. 모래온도가 29도 이상이면 암컷이 되고, 29도 이하면 수컷이 된다고 한다. 오늘은 빗방울도 간간이 뿌리고 서늘해서 이런 날씨라면 아무래도 귀여운 수컷들이 탄생하지 않을까?

알을 모두 낳자 어미 바다거북은 뒷발로 모래구덩이를 덮기 시작했다. 알을 낳던 그 자세에서 뒷발을 이용해서 모래구덩이를 열심히 덮었다. 거북이가 모래를 모으려고 앞발과 뒷발을 힘차게 움직이자 모래가 세차게 날아들었다. 모래 세례는 제법 따가울 정도였지만 여러 차례 모래 봉변을 당하고도 어쩐지 기분이 좋았다. 바다거북이 뿌린 모래를 직접 맞아본 사람이 과연 몇이나 있을 것인가 말이다. 모래구덩이를 덮을 때는 사람이 밟고 올라서도 알들이 안전할 정도로 단단하게 만든다. 바다거북이 구덩이 덮는 작업을 시작하자 수의사로 보이는 사람이 매우 능숙한 솜씨로 바다거북의 건강 상태를 살피고, 거북 등껍질의 가로와 세로 길이를 줄자로 재더니 서류에 기록했다.

산란기를 맞은 바다거북은 많은 경우엔 7번이나 알을 낳으러 오고 한 번에 100개가량을 낳으니 꽤 많은 알을 낳는다. 알에서 깨어난 새끼 거북은 모래구덩이에서 나와 6㎝가량 자라면 바다로 열심히 기어가는데, 여기 일본 야쿠시마 섬에서 미국 캘리포니아 만까지 아주 먼 길을 돌고 돌아서 30년 만에야 다시 이곳 바닷가를 찾아온다고 한다. 그러나 이 중에서 살아서 돌아오는 거북은 5000분의 1에 지나지 않는다니 거친 야생에서 종족을 유지하려면 알을 많이 낳는 수밖에 없다.

생명을 위협하는 플라스틱

'이럴 수가….'

한 장의 사진을 보고 멈칫했다. 미국의 어느 환경운동가가 올린 사진에서 한동안 눈을 뗄 수가 없었다. 바다거북의 등껍질 가운데에 플라스틱 끈이 걸려 있고, 거북의 단단한 등딱지는 허리가 잘록한 땅콩 모양으로 자라 있었다. 플라스틱 끈은 상자에 담긴 여섯 개들이 맥주병을 고정시킬 때 사용하는 이음매이다. 이 플라스틱은 꽤 오래전부터 거북의 몸에 걸려 있었던 모양이고, 딱딱한 거북의 등껍질을 기형으로 자라게 할 정도로 단단하고 강했다. 등껍질만 기형이 아니라 거북이 자라는 동안 몸과 내장 모두가 기형으로 성장했을 것이다. 그 고통이 얼마나 심했을지 나는 가늠하기조차 어렵다.

플라스틱은 생존율이 5000분의 1에 지나지 않는 귀한 바다거북의 생명마저 위협하고 있다. 붉은바다거북은 국제자연보호연맹IUCN이 지정한 멸종위기종인데, 이들의 생존을 위협하는 원인은 여러 가지가 있다.

세계 곳곳에는 바다거북의 산란지가 있는데 붉은바다거북은 밤에 모래사장으로 올라와 알을 낳는다. 이때 빌딩의 불빛이나 네온사인, 가로등 같은 인공불빛이 산란을 방해한다. 알에서 깨어난 새끼 거북은 달이나 별빛을 따라 방향을 잡고 바다로 기어가는데, 화려한 인공조명 때문에 방향을 잘못 잡고 육지 쪽으로 기어가다가 죽거나, 밤새 헤매다가 날이 밝으면 갈매기나 뱀, 여우, 너구리 같은 천적에게 잡아먹히고 만다. 부드러운 모래가 펼쳐진 바닷가가 휴양지로 개발되고 건물이 들어서면서 바다거북이 알을 낳을 장

소와 서식지를 잃어가는 것도 큰 문제다. 또 물고기를 잡기 위해 설치한 어획도구에 걸려서 다치거나 질식해서 죽기도 한다.

또 다른 원인은 플라스틱이다. 바람과 강물을 타고 떠내려간 쓰레기는 바다를 떠돌면서 매우 작은 크기로 부서진다. 이런 플라스틱 조각과 비닐, 풍선 같은 쓰레기를 해파리 같은 먹이로 착각해서 삼키고 만다. 결국 바다거북은 소화되지 않는 이런 쓰레기 때문에 영양분을 흡수하지 못하고, 화학물질만 몸속에 쌓여 조직 손상이나 이상행동을 하고 껍질이 약한 알을 낳기도 한다.

미국의 사진작가 크리스 조던은 2009년 북태평양 미드웨이 섬^{Midway Atoll}에서 촬영한 충격적인 사진을 인터넷에 공개했다. 사진 속에는 멸종위기종 새인 알바트로스가 죽어 있고, 그 몸속에는 작은 플라스틱 조각들이 가득 차 있었다. 음료수 플라스틱 병뚜껑과 라이터, 작게 부서진 플라스틱 조각들이 죽은 알바트로스 사체의 배 속을 가득 채우고 있었다. 알바트로스는 바닷물에 떠다니는 플라스틱 조각을 먹이로 착각하여 삼켰다가 위장장애를 겪고, 결국엔 영양실조로 서서히 죽어갔을 것이다. 조던은 사진이 너무 충격적이라 플라스틱 조각을 모아서 찍은 사진 조작이 아닐까 하는 의혹에 대해 이렇게 말했다.

"이 비극을 명확하게 전달하기 위해 나는 플라스틱 한 조각에도 손대지 않았다."

미드웨이 섬은 태평양에 위치한 미국령 산호초 섬으로, 하와이 제도의 북서부에 위치하고 있다. '중간점'이란 이름처럼 아시아와 북아메리카 대륙

사이의 중간 지점에 자리 잡고 있다. 태평양 한가운데에 있는 이 섬에는 세계 곳곳에서 버려진 쓰레기들이 바람과 해류를 따라 휩쓸려 온다. 바다를 이동하는 동안 단단한 플라스틱 쓰레기는 깨지고 닳고 작은 크기로 부서져 물속을 떠다닌다. 알바트로스는 이 플라스틱이 얼마나 위험한 것인지 모른 채 알록달록한 빛깔에 이끌려 꿀꺽 삼키고 말았던 것이다.

2012년 8월 제주 김녕 앞바다에 어린 암컷 뱀머리돌고래가 바닷가로 떠밀려 왔다. 뱀머리돌고래는 도마뱀의 머리를 닮아 주둥이와 이마의 경계가 뚜렷하지 않고, 태평양과 대서양, 인도양, 지중해의 온대와 열대의 대륙붕 외곽에 주로 살고 있다. 뱀머리돌고래는 마르고 기운이 없어 보였지만 해양경찰과 지역 주민들이 구조활동을 열심히 벌여 돌보다가 다시 바다로 돌려보냈다. 그런데 얼마 지나지 않아 돌고래는 다시 바닷가로 밀려왔다. 사람들은 제주도의 돌고래 사육장으로 옮겨 열심히 치료했지만 구조된 지 5일 만에 그만 죽어버렸다.

이 돌고래가 죽은 원인을 밝히기 위해 울산 고래연구소로 옮겨 부검했다. 부검 결과 돌고래는 매우 야위어서 근육량과 지방층이 부족했고, 위에는 비닐(크기 약 80×50㎝)과 엉킨 끈 뭉치(지름 약 8㎝)가 들어 있어 위가 팽창되어 있었다. 결국 위 속에 들어 있는 이물질 때문에 먹이를 제대로 먹지 못하다가 영양결핍에 걸려서 죽은 것이다. 국립수산과학원은 해양쓰레기 때문에 바다거북이 죽은 사례는 가끔 확인했지만 고래가 해양쓰레기 때문에 폐사한 것을 직접 확인한 것은 국내 최초라고 밝혔다.

지금은 플라스틱 시대

　　인류 역사는 구석기를 거쳐 신석기, 청동기, 철기시대로 이어졌다. 그럼 지금 우리는 어느 시대를 살고 있을까? 많은 전문가들은 플라스틱 시대라고 말한다. 전자제품뿐 아니라 주방용품, 음식포장용기, 음료수 병, 옷, 장난감, 공구, 청소도구 등 플라스틱 없는 생활은 상상조차 할 수 없다. 플라스틱은 석유에서 추출되는 원료를 결합시켜 만든 고분자 화합물의 일종이다. 이 고분자 물질의 대부분은 합성수지인데, 합성수지를 열가공하거나 경화제, 촉매, 중합체 등을 사용하여 일정한 형상으로 성형한 것 또는 그 원료인 고분자 재료를 플라스틱이라고 한다.

　　플라스틱은 매우 가볍고 다양한 모양으로 만들 수 있고, 투명한 색부터 화려한 색깔까지 다양한 빛깔로도 만들 수 있다. 그뿐인가. 전기가 통하지 않는 절연성도 뛰어나다. 그러나 고온에 잘 녹으며 표면이 부드러워 흠집이 생기기 쉽고, 정전기를 띠기 때문에 표면에 먼지가 잘 붙는 단점도 있다. 아크릴과 폴리스티렌, 폴리아세탈, 폴리에틸렌, 폴리프로필렌, 폴리염화비닐, 폴리카보네이트, 폴리에스테르 등 플라스틱 종류는 매우 다양한데, 플라스틱 앞에 붙는 폴리poly는 중합체라는 뜻이다.

　　플라스틱은 지구상에 없던 물질을 인간이 만들어낸 것으로, 석유를 널리 사용하면서부터 개발되어 탄생한 지 이제 100년가량이 되었다. 그러나 플라스틱 분해기간은 500년이거나 그 이상이라고 알려져 있고, 어떤 전문가들은 플라스틱 분해 기간을 정확히 알 수 없다고도 말한다. 다만 정확한 것

18
19

은 지금까지 만들어낸 플라스틱은 태우지 않는 한 자연 상태에 그대로 남아 있다는 것이다. 대개 사람들은 플라스틱을 재활용할 수 있다는 생각에 편하게 쓰고 쉽게 버린다. 하지만 플라스틱 종류가 너무 많아서 재활용되는 양은 그리 많지 않다.

플라스틱 중에는 페트병^{PE} 재활용이 70%가량으로 가장 높고, 비료포대나 석유통으로 쓰이는 폴리에틸렌^{PE}, 욕조나 유아용품으로 쓰는 폴리프로필렌^{PP}, 요구르트 병 같은 폴리스티렌^{PS}, 레고나 차 범퍼로 쓰는 아크릴로니트릴^{ABS}, 파이프나 호스, 비닐봉투로 쓰는 폴리염화비닐^{PVC}, 스티로폼인 발포폴리스티렌^{EPS} 등이 수거와 재활용이 잘되는 편이다. 하지만 이외에는 재질별로 선별하기가 쉽지 않다. 더구나 플라스틱 용기류에는 이물질이 많이 묻어 있거나 섞여 있고, 세척이 안 된 채 배출되어 주로 플라스틱 함지나 정화조처럼 품질이 떨어지는 제품으로 재활용한다. 재활용률이 높은 페트병도 다시 페트병으로 만들지 않고, 화학솜이나 노끈을 만들고 일부는 실을 뽑아내 운동복을 만들기도 한다. 그 외에는 태우거나 쓰레기 매립장에 묻는데, 수거되지 않은 나머지 플라스틱은 땅에 묻혀 있거나 어딘가를 떠돌아다닌다.

해양쓰레기의 60~80%는 플라스틱이 차지하고 있고, 바다에 떠다니거나 풀숲 사이에 흉물스럽게 버려져 경관을 해치고 관광산업에 피해를 준다. 잘게 부서진 플라스틱은 새와 물고기 같은 바다생태계에 큰 영향을 미치고, 어업과 어장 같은 수산업에도 피해를 줄 뿐 아니라 배의 스크루에 감겨 선박의 안전도 위협하고 있다. 사람의 눈에 보이지 않을 정도로 작은 미세 플라스틱은 물고기의 내장뿐 아니라 싱싱한 굴 속에서도 발견되어 우리 건강까지 위협하고 있다.

손 닿는 곳 어디에나 있는 이 플라스틱 시대에 플라스틱을 전혀 사용하지 않을 순 없지만 줄일 수 있다면 줄여보자. 특히 짧은 시간에 사용하고 버리는 일회용 플라스틱 제품은 선택하지 말자. 지질시대에 만들어진 석유는 지구가 매우 오랜 기간에 걸쳐 만들어낸 소중한 자원이다. 우리는 이 소중한 석유를 10분가량 쓰고 난 뒤 버려질 플라스틱으로 만들었다가 다시 수백 년 동안 분해되지 않는 쓰레기로 만들어내고 있다. 지금까지 사람들이 만들어낸 모든 플라스틱은 썩지 않고 이 지구에 존재하고 있다. 길바닥에 나뒹구는 쓰레기로, 바다를 떠다니는 해양쓰레기로, 매립장에 가득 쌓인 쓰레기로 다양한 모습으로 존재하고 있다. 나는 이 땅에서 죽어 사라져도 내가 사용한 플라스틱은 여전히 남아 있다. 그런데도 계속 이렇게 편하게 쓰고 쉽게 버려도 될까?

플라스틱 줄이는 방법

1. 10분 만에 쓰레기가 되는 플라스틱은 사용하지 말자. 빨대와 플라스틱 컵, 플라스틱 숟가락과 포크, 접시, 플라스틱 포장지 등 일회용 플라스틱을 끊자.

2. 테이크아웃 이용을 줄이자. 커피나 차를 담은 일회용품을 들고 거리를 활보하기보다는 찻집과 카페 안에서 도자기 컵으로 분위기 있게 마시자.

3. 위생장갑, 진정 위생적인가? 나물은 손으로 조물조물 무치고 손은 비누로 깨끗하게 닦자.

4. 음식은 포장하는 랩보다는 뚜껑 있는 그릇에 담는다.

5. 튼튼한 물병에 물을 담아서 마시면 버려지는 생수병의 양을 줄일 수 있다.

6. 환경호르몬 위협이 있는 플라스틱이나 스티로폼보다는 유리나 도자기, 스테인리스 그릇에 음식을 담는다.

7. 우산용 비닐보다는 우산 꽂이! 현관 앞에 설치된 비닐보다는 우산의 빗물을 털고 우산 꽂이에 쏙 집어넣자. 일회용 우비도 결국은 일회용, 여러 번 입을 수 있는 우비를 챙기자.

8. 미백효과가 있는 치약과 각질제거용 세안용품은 퇴출! 이 제품 속에는 미세 플라스틱 알갱이가 들어 있는데, 씻은 후 물을 버리면 플라스틱 알갱이가 하수구를 타고 강과 바다로 흘러간다.

9. 일회용 쇼핑백과 비닐봉지보다는 장바구니와 천주머니를 즐겨 이용하자.

10. 사용한 플라스틱은 아무 곳에나 버리지 말고 재활용 수거함에 넣자.

11. 새로운 물건을 고를 때는 나무나 유리, 천, 스테인리스 등 유해성분이 없는 물건을 선택한다.

◉ 함께 읽으면 더 좋은 책
《바다로 간 플라스틱》 홍선욱, 심원준 지음 / 지성사
《플라스티키, 바다를 구해줘》 데이비드 드 로스차일드 지음 / 북로드
《플라스틱 바다》 찰스 무어, 커샌드라 필립스 지음 / 미지북스

덜 소유하고
더 잘 사는 법

설탕 한 봉지의
달콤한 힘

"또각또각…."

오늘의 요리는 오이 무침, 오이를 도마 위에 올려놓고 가지런히 잘라 그릇에 담아 고추장과 참기름을 넣고 마늘도 빻아 조물조물 무쳤다. 이제 맛을 좀 볼까? 그런데 뭔가 빠진 심심한 맛이 난다. 원인이 뭘까? 찬장에 있는 양념병을 매의 눈으로 예리하게 째려보았다. 그중 하나가 레이더에 포착! 아하 설탕, 달콤한 네가 빠졌구나. 설탕을 솔솔 뿌려서 양념을 무친 뒤 다시 맛을 보았다. 그래, 이 맛이야. 단맛의 대명사인 설탕은 훌륭한 양념이기도 하다. 단 음식과 단 음료를 즐기는 편은 아니지만 그렇다고 내가 설탕을 적게 먹는 것은 아니다. 채소 무침이나 장아찌 같은 절임음식에 설탕이 빠지지 않고, 매실차와 오미자차, 유자차 같은 음료를 만들 때도 설탕이 듬뿍 들어가기 때문이다.

　내가 먹는 설탕은 뽀얀 흰 설탕이 아니라 갈색 빛이 감도는 설탕이다. 설탕은 우리 집에서 성미산을 넘어 10분 정도 거리에 있는 두레생협 매장에서 사 온 것이다. 이 설탕의 이름은 마스코바도Mascobado, 필리핀 네그로스 섬에서 만들어진 설탕이다. 마스코바도는 스페인어로 '근육'이라는 뜻인데, 설탕을 만드는 과정에서 힘을 많이 쓰기 때문이란다. 도대체 근육을 얼마나 쓰기에 이런 이름을 붙였을까?

　필리핀 네그로스 섬의 농부는 땅에 유기질 퇴비를 뿌리고 씨앗이 아닌 막대사탕수수를 심는다. 사탕수수에 열심히 물을 뿌리고 어느 정도 자라면 가지치기도 해주면서 정성 들여 키운다. 사탕수수가 자라는 6개월 동안은 농부가 힘들게 잡초를 뽑아주어야 하는데, 6개월 후부터는 사탕수수가 잡초를 없애는 성분을 가지고 있어 풀을 뽑지 않아도 된다. 이렇게 사탕수수가 일 년 동안 적당하게 자라면 줄기를 자르고 잎과 불순물을 없앤다. 다듬은 사탕수수대를 모아 압축기에 넣고 누르고 다시 재압축하여 즙을 짠다. 이 즙을 큰 컨테이너 통에 넣고 끓이는데, 이때 떠오르는 불순물과 침전물을 제거하여 순도를 높인다. 즙의 수분이 증발한 상태가 되면 넓은 판자에서 30분 ~1시간가량 말려서 설탕을 완성한다.

　이렇게 사탕수수를 재배하고 설탕을 얻는 수작업을 하는 동안 농부와 노동자는 많은 근육을 쓰고 땀을 흘려야 한다. 이 설탕 제조방법은 스페인이 필리핀을 지배했을 때, 스페인 사람들이 필리핀 원주민들에게 설탕제조법을 가르쳐주면서 전파되었는데, 네그로스 섬에서는 오랜 세월 이 전통방법을 이어오고 있다. 이 설탕은 건강에도 좋다. 사탕수수 즙을 내서 졸여 만든 것이라 자연성분이 그대로 남아 있고, 미네랄과 영양소도 풍부하게 들어 있다. 또 색깔을 일정하게 만드는 첨가제를 넣지 않아 색이 진하고 일정하지가 않다.

우리에게 익숙한 흰 설탕, 황설탕, 흑설탕은 정제 설탕이라고 하는데, 이것은 사탕수수에서 비당분 성분을 제거하고 설탕 성분만을 추출한 뒤 열을 가해 녹이고 탈색시키는 과정을 반복하여 만든다. 이 과정에서 90%에 이르는 섬유질과 비타민, 무기질, 단백질이 제거된다. 그래서 열량만 낼 뿐 우리 몸에 필요한 영양분은 전혀 남지 않는다. 마스코바도 설탕봉지엔 이런 문구도 적혀 있다.

'이 제품에는 제3세계 지원을 위한 교류기금이 포함되어 있습니다.'

마스코바도 설탕 500g은 2,600원, 이 중 100원은 교류기금으로 쓴다. 그렇다면 교류기금이란 뭘까?

설탕 한 봉지가 일군 네그로스 마을의 변화

필리핀에서 네 번째로 큰 섬인 네그로스는 61.5%가 농지인데, 이 땅에는 사탕수수를 가장 많이 심고 있다. 1920년대 설탕산업으로 이익을 얻은 외국 자본가들과 필리핀 지주들은 설탕을 대량생산하기 위해 논밭뿐 아니라 숲까지 베어내고 사탕수수밭으로 만들었다. 그런데 섬 전체가 한 작물에 의존하니 설탕의 가격이 폭락하면 농민들의 삶도 위태로워졌다. 사탕수수 농장에서 하루 일당을 받으면서 일하던 농부들은 온종일 일해도 가족의 끼니조차 해결할 수 없는 날이 많았다. 그나마 사탕수수가 쑥쑥 자라는 5월부터 9월까지는 사람 손이 필요하지 않아 얼마 되지 않은 일당마저 벌 수 없었다.

1988년 필리핀 독재정치가 막을 내리고 새로운 정부가 들어서면서 종합농지개혁법을 제정하고 시행했다. 이 법은 지주의 땅 중 일부를 실제 그 땅에서 일하고 있는 농민에게 나눠주는 내용을 담고 있었다. 땅을 얻은 농민들의 기쁨은 잠시였다. 수십 년간 지주가 시키는 대로 일만 했기 때문에 파종법, 잡초 제거, 수확시기 같은 농업기술을 알지 못했고, 사탕수수 종자와 비료를 살 돈조차 없었기 때문이다. 가난한 농부가 은행에서 돈을 빌리는 것이 너무 어려워 고리대금업자에게 돈을 빌렸다가 빚더미에 앉기도 했다. 땅은 저당 잡히고 다시 소작농 신세가 되기도 했다. 또 지주들이 떠나면서 전기와 관개시설을 철거하는 바람에 농장에 물을 댈 수가 없어 농사를 지을 수 없었다. 트럭과 트랙터, 설탕 제조공장 같은 농업시설도 지주들이 독점하고 있어 비싼 이용료를 내야 했다.

이렇게 악순환을 겪고 있던 농민들에게 손을 내민 것이 바로 '네그로스 프로젝트'이다. 두레생활협동조합은 2004년부터 마스코바도 설탕을 판 수익금 중 일부를 교류기금으로 모아 필리핀에 있는 '네그로스 생산자 지원 단체ATFI'로 보내서 농민들에게 트럭과 관개시설, 가축, 의약품, 유기농 비료 등을 살 수 있게 돈을 빌려주었다. 무상지원이 아니라 '정해진 기간 내 원금

상환'과 '연 7%의 이자 지급'이라는 조건을 붙였다. 원조가 아니라 융자 방식을 통해서 대등한 관계에서 교역을 하고 농민들이 자립할 수 있게 도와주려는 것이다.

과연 마을에선 어떤 변화가 생겼을까? 네그로스 섬 북서쪽에 자리 잡은 하까르보이 생산자 조직은 30만 페소(한국 돈 약 700만 원)를 융자받아 사탕수수 운반용 트럭을 샀다. 밭에서 사탕수수를 수확하면 24시간 안에 공장에 도착하여 작업해야 사탕수수의 좋은 품질을 유지할 수 있다. 그런데 이곳의 사탕수수 생산량은 그리 많지 않아 운송회사의 트럭을 대여하기가 어렵고 비용도 비쌌다. 밭에서 사탕수수를 안전하게 운반하려면 바퀴 6개가 달린 힘 좋은 트럭이 꼭 필요했다. 그래서 하까르보이 생산자 조직은 융자를 받아 중고트럭을 사기로 결정했다.

중고인 데다가 트럭 관리방법을 몰라서 이듬해에 엔진을 바꿔야 하는 우여곡절도 겪었지만, 사탕수수 수확 시기에 이 트럭은 제 몫을 톡톡히 해냈다. 농민들은 이 트럭으로 사탕수수를 부지런히 옮겼다. 생산자 조직의 회원이 아닌 농가에도 트럭을 빌려줘서 대여료를 받고, 마을에 위급한 환자가 생기거나 결혼식과 장례식 같은 마을 행사 때, 수확한 과일과 채소를 시장에 내다 팔 때, 마을 소풍 때도 이용할 수 있어 한결 편리했다. 열심히 일한 결과, 융자금은 4년 만에 갚았다.

네그로스 중부지역에 있는 트리니오 마을 사람들은 날마다 마을에서 멀리 떨어진 우물에 가서 물을 길어 와야 했다. 우물까지 한참을 걸어야 하니 힘들고, 이렇게 길어 온 물마저 오염되어 아이들이 병에 걸리는 일도 잦았다. 고민 끝에 마을 사람들은 6만 페소(한국 돈 약 150만 원)를 빌려 마을 한 가운데에 우물을 파고 수동식 펌프와 수도관을 구입했다. 이제 멀리까지 가서 힘들게 물을 길어 올 필요가 없고 우물가에 모여 먹을거리를 씻고 빨래도 하고 마을 공동의 일도 즐겁게 할 수 있게 되었다. 이 마을 우물은 누구나 이용할 수 있고, 집집마다 매월 10페소씩 내어 운영비로 쓰기로 약속했다.

2년 후 트리니오 사람들은 다시 14만 페소(한국 돈 약 350만 원)를 빌려 물소와 토종닭을 샀다. 물소는 사탕수수를 운반하고 밭을 가는 일을 할 때 꼭 필요하고 수레를 연결하면 무거운 짐도 나를 수 있다. 물소가 없을 때는 돈을 주고 이웃에서 빌려 와야 했다. 물소는 20년가량을 사는데, 새끼를 낳으면 수익도 얻을 수 있어 이래저래 고마운 동물이다. 암탉과 수탉, 병아리도 수십 마리를 골고루 사서 닭장 울타리 안에 넣고 정성껏 길렀다. 닭과 달걀은 시장에 내다 팔기도 하고 마을공동체에서 잡아먹기도 하고, 닭장에서 나오는 닭똥은 유기농 비료로 썼다. 마을 사람들은 융자금과 이자를 2년 만에 모두 갚았다.

공평한 세상을 꿈꾸는 공정무역

내가 설탕 한 봉지를 사면 그중 100원을 따로 모으고, 이 돈이 모이고 모여 네그로스 사람들의 희망 종잣돈이 된 것이다. 나는 믿을 수 있는 달콤한 설탕을 맛볼 수 있고, 네그로스의 사람들은 어제보다 좀 더 나은 생활을 할

수 있게 되었다. 이렇게 건강한 방식으로 물건을 생산하고 공정한 가격을 지불하여 서로의 삶에 도움이 되는 거래방식을 공정무역이라고 한다. 공정무역은 물건을 생산하는 생산자의 노동에 맞는 정당한 값을 지불하고, 소비자에게는 신뢰할 수 있는 제품을 공급하고, 이런 공평하고 지속적인 거래를 통해서 세계 무역과 빈곤의 문제를 해결하려는 새로운 무역이다.

공정무역은 생산지 사람들에게 안정적인 일자리를 주고, 소비자는 건강한 물건을 믿고 구할 수 있다. 또한 전 세계 시장을 움직이는 글로벌 기업에게 이익이 집중되는 무역불균형과 저임금, 고노동에 시달리는 농민과 노동자의 눈물과 한숨이 섞인 무역에 반기를 든 새로운 대안이자, 정당한 권리를 찾기 위한 적극적인 움직임이라고 할 수 있다. 생산지 사람들과 직거래를 하면서 긴밀하게 소통하고, 농부들이 땅을 비옥하게 일구고 건강한 농산물을 생산하는 일에 온전히 힘을 쏟을 수 있도록 지원한다. 또 한 마을에 모여 살면서 전통풍습을 이어오는 지역 공동체가 수익 배분문제로 갈등을 겪지 않고 잘 유지되도록 그들의 삶의 속도와 방식에 맞게 결정하고 거래한다. 비록 우리가 보기엔 느리고 비효율적으로 느껴지더라도 말이다.

장마나 가뭄으로 수확량이 줄어들거나 농산물의 상태가 좀 떨어지는 문제가 발생하더라도 서로 의논하여 해결방법을 찾는다. 갑자기 거래를 끊거나 생산농민이나 노동자에게 부당한 대우를 하지 않고, 아동노동을 금지하고 소비자들의 다양한 요구와 의견도 전해준다. 느리더라도 함께 상생하는 방법을 찾아가는 공정무역은 이익도 물론 중요하지만 생산자와 원료공급자, 유통업자, 소비자 간의 관계를 더 중요하게 생각한다. 공정무역을 통해서 세계의 변화를 이끄는 단체들이 모인 세계공정무역기구^{WFTO, World Fair Trade} ^{Organization}는 세계 75개국 450개 이상의 단체가 활동하고 있는데, 공정무역을 알리는 행사와 캠페인 등 다양한 노력을 기울이고 있고, '세계 공정무역의 날 (매년 5월 둘째 주 토요일)'을 지정하여 즐거운 행사도 열고 있다.

2000년 중반 우리나라에 들어온 공정무역 제품은 매우 다양하게 늘어났다. 설탕뿐 아니라 커피와 초콜릿, 올리브유, 후추, 홍차, 건망고, 여성 옷, 대나무 소품, 액세서리, 축구공 등 다양한 공정무역 제품들을 만날 수 있다. 필리핀과 베트남, 동티모르, 인도, 네팔, 팔레스타인, 페루, 멕시코 등 세계 여러 나라에서 만들어진 공정무역 제품은 국적과 생산지는 다르지만, 원주민들이 건강하게 생산한 재료로 전통기술 방식을 이용하여 상품을 만들고 공정한 거래를 통해서 판매하는 이치는 같다. 더불어 수익금 일부로 생산자들이 빈곤에서 벗어나 좀 더 나은 생활을 할 수 있도록 돕고 있다. 우리가 공정무역 제품을 즐겨 이용하면 지구촌 어딘가에서는 지금보다 나은 삶을 사는 사람들이 늘어나는 것이다. 정말 멋진 일이지 않은가.

✱ **공정무역 물품과 정보가 있는 곳**

두레생협 에이피넷 www.apnet.or.kr
공정무역으로 수입한 마스코바도 설탕과 팔레스타인 올리브유, 디카페인 커피에 대한 정보가 있다.

아름다운 커피 www.beautifulcoffee.com
공정무역 커피와 초콜릿, 코코아, 우리밀 제품 등 다양한 먹을거리를 구할 수 있다.

페어트레이드코리아 그루 www.fairtradegru.com
아시아 여인들이 대를 이어온 전통방식 수공예와 천연염색, 베틀 짜기로 만든 여성 옷과 가방, 모자, 생활소품 등 다양한 제품을 판매하고 있다.

한국공정무역연합 www.fairtradekorea.net
우리나라에서 공정무역을 알리기 위해 노력하는 단체와 회사들이 모여 홍보와 교육, 행사 등 다양한 노력을 하고 있다.

세계공정무역연합 www.wfto.com
세계 여러 나라에서 공정무역으로 물건을 생산하고 거래하는 단체와 기업들이 머리를 맞대 공정무역 제품에 대한 인증을 하고 공동 프로젝트를 진행하는 등 단단한 연대를 이루고 있다.

◉ 함께 읽으면 더 좋은 책
《공정무역, 세상을 바꾸는 아름다운 거래》 박창순, 육정희 지음 / 시대의창
《공정무역은 세상을 어떻게 바꿀 수 있을까》 존 보우스 등 지음 / 수이북스
《공정무역의 힘》 페어트레이드 어드보커시 오피스 지음 / 시대의창

덜 소유하고
더 잘 사는 법

어디에서, 어떻게
생산한 물건인가?

오래된 가방이 있다. 아마 대학교 때부터 들고 다녔던 것 같다. 20년도 넘은 가방이지만 좀 낡았을 뿐 사용하기엔 괜찮다. 이사를 할 때마다 처분할 살림살이를 골라내는데, 이 가방은 지금까지 한 번도 처분목록에 오른 적이 없었다. 가방의 용도는 먹을거리 운반용이다. 이 가방으로 옮긴 짐을 한자리에 모은다면 아마도 트럭 몇 대는 되지 않을까?

안동에서 학교를 다니면서 예천 고향집을 일주일에 한 번씩 오갔다. 주말을 집에서 보내고 일요일 오후가 되면 쌀과 김치, 반찬 몇 가지를 넣어서 묵직해진 가방을 메고 마을버스를 탔다. 다시 예천읍에서 직행버스로 갈아타고 안동터미널에서 내려 자취방까지 걸어가곤 했다. 그 시절 자취생의 생활은 너무도 단순했다. 자취방과 학교, 주말이면 고향집을 다녀오는 것이 전부였다. 아는 길이라고는 자취방과 학교를 오가는 길, 서점과 시장 정도가 다였다.

자취생의 반찬도 언제나 비슷비슷했다. 우리 집에서 농사지은 채소 종류와 오래 두고 먹을 수 있는 밑반찬 몇 가지가 전부였다. 어깨에 가방을 메고 옮길 수 있을 만큼만 날랐다. 이 반찬으로 6일 동안 밥을 해 먹고 도시락도 싸야 했다. 지금은 택배서비스가 발달하고 자가용도 흔하지만 그 시절에는 직접 들고 옮기는 것밖에는 달리 방법이 없었다. 우리 집에 있는 운송수단이라곤 자전거와 손수레, 경운기가 전부였고, 우리 마을에도 자동차를 가진 집은 없었다. 내가 먹을 먹을거리는 온전히 내 어깨에 메고 나르는 수밖에 달리 도리가 없었다.

어느 날, 덜컹거리는 버스 안 어디선가 퀴퀴하고도 익숙한 냄새가 솔솔 풍겼다. 웬 간장 냄새? 주변을 두리번거렸다. 코를 벌름거리며 추적하다 보니 냄새의 근원지는 바로 발아래, 이크! 내 가방에 들어 있던 간장이 쏟아져 버린 것이다. 단단하게 닫았다고 생각했는데…, 쏟아진 간장은 그만 하얀 공책에 잊지 못할 진한 얼룩을 만들어버렸다. 이런 일도 있었다. 더운 여름날 자취방에 앉아 숙제를 하고 있는데, 어디선가 묘한 소리가 났다.

'뿌직뿌직….'

벌레 소리도 아닌 것이, 피리 소리도 아닌 것이 낯선 소리가 연이어 들렸다. 뭐지? 여기저기를 둘러봐도 아무것도 없다. 책상 위와 아래, 책장, 바깥까지 구석구석 살펴도 소리의 근원지를 알 수 없었다. 그리고 얼마쯤 더 지났을까. "픽!" 소리와 함께 붉은 물감이 튀어 올라 뽀얀 벽지에 강렬한 추상화를 그려놓았다. 밥상 위에 올려둔 고추장 유리병이 그만 터져버린 것이다. 정말 순식간에 일어난 대참사였다. 더운 여름날 찜통 같은 버스에 시달리고 후끈한 자취방에서 부글부글 끓어오른 고추장이 화산폭발을 일으킨 것이다.

그 시절 자취방엔 냉장고가 없었고 여름날 고추장 보관법도 알지 못했다. 집에서 담근 고추장은 날씨가 더우면 기포가 생기면서 보글보글 끓어오른다. 방부제나 인공감미료를 넣지 않은 전통고추장이기 때문이다. 그래서 병에 담을 때는 70%가량만 담고 여유 공간을 남겨야 하는데, 자취생활을 수년간 한 뒤에야 비로소 터득할 수 있는 생활의 지혜를 초짜 자취생이 알 리 없었다.

이 가방으로 먹을거리를 부지런히 나르고, 이사할 때는 이삿짐을 담고, 출장 때는 짐가방으로 변신하기도 했다. 가방은 내가 가는 곳 어디든 따라다녔다. 안동뿐 아니라 칠곡, 시흥, 인천, 서울 곳곳으로 이사 다닐 때마다 내 가방은 훌륭한 짐꾼이 되어주었다. 이런 오래된 물건을 보면 묘한 감정이 인다. 함부로 대하기도, 가볍게 버리기도 쉽지 않은 짠한 감정 같은 것 말이다. 마치 나를 가장 잘 알고, 그만큼 자주 싸웠던 애증의 친구처럼….

이런 감정은 나뿐만이 아닌 모양이다. 고향집 부엌엔 손잡이가 떨어진 국자가 있다. 엄마는 국을 끓일 때마다 손잡이 없는 국자를 즐겨 썼다. 보다 못해 새 국자를 여러 개 사서 주방에 걸어놓고 손잡이가 없는 국자는 재활용 쓰레기 더미에 슬쩍 숨겼다. 그러나 얼마 지나지 않아,

"쓸만한 물건을 왜 버려!"

엄마의 불호령이 떨어졌다. 잘 감췄다고 생각했는데 딱 걸리고 만 것이다. 손잡이 없는 국자는 그렇게 다시 주방으로 당당하게 입성했다. 우리 부모님 세대에서는 아끼고 절약하는 생활이 몸에 배었다. 아직 쓸만한 물건을 버리는 것은 있을 수도 없고 있어서도 안 되는 일이다. 후배가 쓴 글에도 오래된 물건에 대한 이야기가 있었다.

'진주 집 가서 엄마 찬장을 둘러보다가 가져가도 된대서 가져온 엄마의 접시, 아주 마음에 든다! 지름 23㎝ 정도의 단순 납작하고 남색 띠가 둘러진 아이보리 접시 세 개랑 큰 접시 하나. 물기 적은 크림 파스타나 샐러드 담아 먹으면 참 잘 어울리겠다. 고마워요, 엄마!'

이래서 '딸은 도둑'이라는 속담이 생긴 걸까? 그러나 나는 이 마음을 충분히 이해할 수 있을 것 같다. 나 역시 가게에서 파는 새 물건보다 엄마가 쓰던 것을 가져오는 게 더 좋으니 말이다. 공짜로 얻어서 좋은 것보다 오랜 세월 엄마의 손길이 닿은 물건을 탐내는 것이다. 딱히 말로 설명하기 어려운 우리 근원의 귀소본능이라고 할까?

물건이 만들어지는 사이 일어나는 일

물건이 너무 흔한 세상이다. 가게에는 싸고 가벼운 것, 더 나은 기능을 가진 제품들이 속속 등장한다. 화려한 색상과 모양을 보면 차마 그냥 지나칠

수가 없다. '이런 기능을 가진 물건이 이미 집에 있는데' 하는 생각을 하면서도 예쁜 새 제품의 유혹을 떨치기 어렵다. 하나를 사면 하나를 덤으로 주는 '1+1' 행사를 보면 판단능력은 어디로 줄행랑치고, 일단 사고 봐야겠다는 맹목적 질주만이 발동한다.

잔뜩 사서 이고 지고 집에 돌아오면 그제야 현실이 눈에 들어온다. 이걸 다 어디에 쌓아두지? 그러잖아도 좁은 집이 더 좁아지게 생겼네. 후회해봐야 이미 늦었다. 공짜로 얻은 물건도 적지 않다. 행사장에 가면 기념품이나 판촉물을 쉽게 얻을 수 있다. 횡재했다는 생각에 한동안 기분이 좋다. 그러나 물건이 흔하다 보니 부작용도 있다. 쉽게 얻은 것은 쉽게 버리게 된다. 아깝지 않고 싫증도 빨리 낸다. 물건의 수명도 짧아지고 더불어 쓰레기는 너무 많이 생겨난다. 그나저나 이 물건의 재료는 어디에서 왔을까?

우리가 쓰는 물건의 종류는 헤아릴 수 없을 만큼 다양하고 재료를 얻는 방식도 다양하다. 이 중 귀한 물건의 재료가 되는 금속이나 광물을 얻는 방식을 살펴보자. 금속이나 광물은 땅속 깊은 곳에 묻혀 있어 장비를 갖춘 탄광노동자들이 땅속 깊숙이 갱도를 파내려간다. 예전에는 이런 방식이 흔했지만 근래 들어서는 거대한 노천굴에서 광물을 캐내는 방식이 늘어났다고 한다. 광물이 땅의 겉면 가까이에 묻혀 있어서 갱을 만들지 않고 흙이나 암석을 제거하면 채굴할 수 있기 때문이다. 매우 넓은 면적에서 이루어지는 이 노천광산은 빽빽한 숲을 베고 이곳에서 살던 야생동물과 식물, 곤충 등 자연의 생명들을 모조리 쫓아내고 밀어낸다. 물론 원주민들도 땀 흘려 가꾼 보금자리를 떠나야 한다.

본격적인 광산개발이 시작되면 광맥을 덮고 있는 흙과 돌, 바위는 불도저와 드릴, 폭약, 트럭 등 중장비로 제거한다. 이때 파낸 흙과 돌 부스러기는 인근에 매우 높이 쌓인다. 노천굴 광산에서 파낸 파편 폐기물은 대개 지하 채굴 광산보다 8~10배나 많이 생긴다고 한다. 이어서 노천굴 광산에서 원석을 캐내는 작업이 시작된다. 품질 좋은 원석이라도 추출하고자 하는 금속이나 광물은 아주 조금밖에 들어 있지 않기 때문에 가공 공정을 거쳐야 한다. 이 가공 공정에는 물과 화학물질, 더 많은 기계가 필요하고, 가공 후 버려지는 원석의 대부분은 폐기물이 된다. 또 가공 과정에서 쓰는 화학물질 때문에 탄광 노동자들은 심각한 피해를 입고, 위험한 중장비를 사용하다가 다치거나 화재, 폭발, 산사태 같은 예기치 못한 사고도 종종 일어난다.

철, 구리, 금, 다이아몬드같이 전 세계에서 생산하는 금속의 3분의 2는 이런 노천광산에서 채굴한다. 산속 깊숙한 곳에 매장되어 있는 석탄을 캘 때는 산꼭대기를 폭발물로 날려버리는 '정상 제거' 방식으로 캐내기도 한다. 굴을 파거나 숲의 일부를 훼손하는 것이 아니라 산꼭대기를 제거하면 숲 생태계의 파괴뿐 아니라 더 이상 예전의 모습으로 돌아갈 수 없게 된다.

남아프리카공화국은 세계 시장에서 거래되는 금의 4분의 1 이상을 생산하고 있는 금 생산국이다. 그런데 이 금을 채굴하는 과정에서 유독성 광산 폐기물이 20톤이나 발생한다고 한다. 광산 폐기물에 독성이 생기는 것은 퇴적침출법이라는 공정 때문이다. 퇴적침출법은 땅에서 캔 원석을 쌓아놓고 그 위에 시안화물을 부어 서서히 아래로 내려가게 하여 금을 추출하는 방법이다. 이때 시안화물은 금과 함께 카드뮴, 납, 수은 같은 유독물질도 녹인다. 시안화물과 유독물질이 들어 있는 용액은 너른 수영장 같은 저장소로 모이고, 금을 추출하고 나면 중금속으로 오염된 연못이 생긴다. 시안화물은 매우 치명적이라서 쌀 한 톨의 양으로도 사람을 죽일 수 있다. 이 광산 폐기물은 강이나 호수로 흘러가거나 채굴한 광산에 그냥 방치되기도 한다.

또 다른 문제는 '분쟁 광물'이다. 아프리카에서 생산하는 다이아몬드와 콜탄 등 가치가 높거나 전자제품에 많이 쓰이는 광물은 생산과 유통하는 과정에서 생기는 이윤이 반정부군이나 범죄 집단, 부패 정권에 돈을 대거나 무기를 구입하는 데 사용되기도 한다.

다이아몬드는 대표적인 분쟁지역 광물이다. 아프리카 시에라리온에서는 1991년에서 2002년까지 11년에 걸쳐 전쟁이 이어졌다. 이 기간 동안 무장 저항세력은 사람들에게 매우 잔인한 폭력과 테러를 저질렀고, 소년들을 납치해서 군인으로 동원하고 대규모 학살을 저질러 사람들 수만 명이 숨졌다. 무장 저항세력은 다이아몬드 광산을 장악하고 사람들을 납치해서 다이아몬드 채굴작업을 시켰다. 이 다이아몬드를 거래해서 군대 유지 자금을 댔는데, 2006년 제작한 영화 〈블러드 다이아몬드〉를 통해서 널리 알려지기도 했다. 이런 광물과 금속을 캐기 위해 일하는 노동자들은 잔인한 학대 속에서 일하지만 보수를 제대로 받지 못하거나 전혀 못 받기도 한다. 이런 문제가 알려지자 세계 전자제품 업체들은 아프리카에서 채굴된 콜탄을 비롯한 분쟁지역 광물을 사용하지 않겠다고 밝혔다. 그러나 광물자원을 거래하면서 거래 당사자와 중개인들을 매우 복잡하게 거치기 때문에 거래 과정을 추적하기가 쉽지 않다고 한다.

더구나 세계 시장에서 천연자원의 값은 변동이 심해서 값이 오르내릴 때마다 자원을 생산하는 국가와 국민들에게 큰 타격을 주고, 이 판매 이익은 균등하게 분배되지도 않는다. 대개 다국적기업이나 정부기관, 국제개발은행, 부패한 부자들이 복잡하게 개입되어 있기 때문에 광산개발 지역에서 사는 원주민과 광산 노동자들은 그 이익을 함께 누리지 못하고 자신의 땅에 대한 의견을 제시할 수도 없다.

아시아나 아프리카 가난한 나라의 사람들은 귀한 자원이 풍부하게 매장된 땅에서 살지만 세계에서 가장 가난하고 굶주리고 심한 노동을 해야 하는 자원의 저주에 시달리고 있다. 채굴 과정에서 물과 에너지를 많이 쓰고 거대한 폐기물을 만들어내고, 이 물과 폐기물은 다시 강물과 땅을 오염시켜 사람들은 원인 모를 질병에 시달리고 있다. 탄광이 문을 닫는다고 해도 문제는 끝나지 않고 그 후에도 오염과 질병 발생은 오랫동안 지속된다.

오래된 물건 자랑대회

　이렇게 어렵게 얻은 원료로 만든 물건을 나는 얼마나 소중하게 쓰고 있을까? 지금 우리는 지구가 생산하는 것보다 더 많은 자원을 소비하고 있다. 지금까지 이런 소비 방식이 가능했던 것은 46억 년 역사를 가진 지구가 자원을 열심히 생산하고 모아둘 시간이 충분했기 때문이다. 그러나 우리가 소비하는 속도는 자원을 생산하는 속도를 이미 추월하고 있다. 이 속도를 이대로 유지해도 좋을까? 이미 많은 사람들은 자원고갈을 걱정하고 있고 세계 곳곳에서는 치열한 자원전쟁이 벌어지고 있다. 이제는 소비가 미덕이 아니라 아껴 쓰는 것, 적절하게 소비하는 것이 미덕이다.

　이런 문제를 해결하기 위한 가장 좋은 방법은 생산자가 제품의 내구성을 높이고 수명을 늘려서 빨리 고장 나거나 빨리 버려지는 물건의 수를 줄이는 것이다. 분쟁지역과 내전에 돈을 대는 역할을 하는 분쟁지역 광물을 쓰지 않고, 다 쓴 전자제품은 제조업체가 수거해서 원료를 다시 사용해야 한다. 소비자는 유행에 따라 쉽게 싫증 내지 않고 물건의 수명이 다할 때까지 오래오래 열심히 쓰는 것이다. 또 더 튼튼하고 좋은 기능을 가진 제품을 만들라고 생산자에게 적극 요구해야 한다. 되도록 수선이 가능한 물건을 선택해서 직접 수선하거나 가까운 곳에 있는 전문 수리점에서 도움을 받는 것도 좋은 방법! 예전에는 동네마다 있었던 '순돌이 아빠네' 같은 만물 수리점이 다시 살아나 일자리도 늘어나면 더욱 좋겠다.

　새로운 기능을 가진 제품이 나오면 물건을 통째로 버리고 새로 사지 않고, 업데이트 가능한 부품으로 갈아 끼울 수 있는 제품이 많아지면 좋겠다. 카메라 렌즈처럼 필요한 기능을 가진 부품을 필요할 때마다 갈아 끼우면 큰 비용을 지불하지 않고도 다양한 기능을 활용할 수 있으니 말이다. 집에서 쓰는 가전제품마다 이런 업그레이드된 부품을 갈아 끼울 수 있다면 비용을 줄이고 버려지는 자원도 대폭 줄일 수 있을 것이다.

더불어 재사용과 재활용을 열심히 하면 좋겠다. 재사용은 음료수를 마시고 난 유리병을 수거해서 씻고 닦아 다시 음료수병으로 쓰거나 물병이나 반찬통으로 사용하는 것을 말하는데, 재활용은 유리병을 모아 깨뜨리고 녹여서 다른 용도의 병이나 전혀 다른 물건으로 만드는 것이다. 이 과정에서 전기와 열 같은 에너지를 많이 쓰게 된다. 그래서 재활용도 좋지만 재사용을 하는 것이 더 낫다.

어떤 분은 1970년대 친정어머니가 쓰던 두꺼운 접시와 그릇, 보온병 같은 주방 살림살이를 그대로 물려받아 지금도 잘 쓰고 있다고 자랑했다. 한눈에 보아도 70년대 디자인이 분명했지만 40년 된 제품이라고 믿어지지 않을 만큼 깔끔하고, 어머니의 살림살이를 물려받았다는 자부심도 가득했다. 또 어떤 지인은 알뜰한 시댁에서 대를 이어 쓰는 물건이 많아 아이들이 오래된 물건을 잘 쓰고 있다고 했다. 시할머니가 시집올 때 해 온 백 년 가까이 된 놋그릇을 아이들 밥그릇으로 쓰고, 시어머니가 혼수를 해 올 때 직접 수놓은 방석보는 아이의 쿠션으로 다시 태어났다고 했다. 남편이 초등학생 때 쓰던 연필깎이는 초등학생 딸이 물려 쓴다고 했다.

물건 자체가 튼튼하고 좋은 것일까, 애지중지 아끼면서 잘 쓴 것일까?

이런 얘기는 언제 들어도 기쁘고 부럽다. 집안 대대로 이어오는 비싼 가보나 문화재가 아니라 대를 이어서 잘 쓰고 있는 '오래된 물건 자랑대회'를 열면 집집마다 놀라운 물건과 즐거운 사연들이 쏟아지지 않을까? 오래도록 제 가치가 빛나는 물건이 좋은 물건이고, 물건이 제 몫을 다할 수 있게 잘 다룬 사람이야말로 진정 아름다운 지구인이다.

물건의 수명을 늘리는 법

· 유행을 타지 않는 튼튼한 물건을 고른다.
· 쇼핑할 때 내가 정말 좋아하는 것, 쉽게 싫증 나지 않는 디자인을 선택한다.
· 값싼 물건보다는 조금 비싸더라도 오래 사용할 수 있는 제품을 선택한다.
· 끼워 팔기, 깜짝 세일 등 광고에 현혹되지 않고 꼭 필요한 물건을 선택한다.
· 제품 설명에 적힌 관리방법이나 세탁법을 잘 지킨다.
· 이왕이면 세탁방법이 쉬운 제품을 선택한다.
· 고장이 나면 직접 수리하거나 가까운 수리점에서 고친다.
· 물건을 사기 전에 전문 수리점의 위치를 미리 확인하는 것도 좋은 방법!
· 부속품을 쉽게 구할 수 있는 제품인지도 확인한다.
· 버리기 전에 다른 물건으로 고쳐 쓸 수 있는지 생각해본다.
· 친구나 이웃 등 물건을 필요로 하는 사람과 나누거나 재활용 가게에 기증한다.
· 오래된 물건을 SNS에 공개하고 경험과 오래 사용하는 비법을 서로 나눈다.

◉ 함께 읽으면 더 좋은 책
　《너무 늦기 전에 알아야 할 물건 이야기》 애니 레너드 지음 / 김영사

덜 소유하고
더 잘 사는 법

물건의 재탄생 업사이클。

2012년 9월 서울시청 새 청사로 이사한 박원순 서울시장 집무실에는 깔끔한 책상과 탁자가 들어왔다. 얼핏 보기엔 평범한 가구 같지만 역사와 이야기가 있는 가구였다. 여의도 성모병원에서 쓰던 서랍, 성동초등학교에서 쓰던 신발장, 인사동 가게의 한옥문 장식장, 신수동의 교회 의자, 황학동 가정집에서 쓰던 장롱 등 여러 곳에서 사용하던 폐목재를 모아 만든 것이다. 이 가구는 사회적 기업인 '문화로놀이짱'에서 서울 곳곳에서 버려져 소각할 예정이던 폐목재를 모아 새롭게 만든 업사이클링 제품이다. '문화로놀이짱'에서는 유해성분이 빠져나간 건강한 목재들을 재활용, 업사이클링하고 있다.

유리병이나 플라스틱 같은 물건을 다시 쓰거나 용도를 바꾸어 재활용하는 것을 리사이클recycle이라고 하는데, 이 리사이클에 새로운 디자인을 가미하여 전혀 다른 물건으로 재탄생시키고 제품의 가치도 더욱 높이는 작업을 업사이클upcycle이라고 한다.

우리나라 최초로 업사이클 디자인을 시작한 에코파티메아리는 신발공장이나 소파공장에서 기증받은 가죽으로 지갑과 필통, 여권 지갑, 교통카드 케이스, 가방 등을 만든다. 또한 아프리카의 멸종위기종인 고릴라를 알리기 위해 낡은 티셔츠로 릴라씨를 만들고, 와이셔츠와 넥타이, 청바지를 이용하여 숄더백과 데님 에코백, 크로스백 같은 30가지가 넘는 제품을 만들어낸다. 이 제품의 특징은 재활용한 재료로 만들었지만 새로운 디자인을 가미하여 새것과 구별할 수 없을 만큼 윤이 나고 탐나는 제품이라는 것.

터치포굿에서는 쓰고 난 현수막을 이용하여 가방과 파우치, 에코백 등을 만드는데, 페트병을 재활용하여 멸종위기종이 된 북극여우를 알리는 '은빛 여우 망토 담요'도 만들었다. 또 정부와 기업, 개인에게 재활용 원자재를 받아 기념품과 사내 캠페인 물품으로 만들어서 되돌려주는 리싱크Re-sync 서비스도 하고 있다.

라오스는 세계에서 폭탄이 가장 많이 박혀 있는 곳인데, 청년 소셜 벤처 그룹인 피스밤 Peacebomb은 이 폭탄을 제거하여 마을 사람들의 안전을 돕고, 수거한 폭탄은 팔찌 등 액세서리로 만들어 판매하고 있다. 수익금의 절반은 폭탄을 제거하는 일에 쓴다고 한다. 이 밖에도 소방호스와 폐타이어로 만든 신발, 현수막 하이힐, 바다쓰레기로 만든 목걸이, 커피 원두를 코팅해서 만든 귀걸이, 고장 난 이어폰으로 만든 팔찌, 부러진 야구공으로 만든 연필꽂이까지 제품의 재료는 우리 상상력을 훌쩍 뛰어넘는다.

이렇게 업사이클 전문 브랜드가 만든 제품을 사서 쓰는 방법도 있지만 우리 집에 있는 흔한 재료로 업사이클 제품을 직접 만들면 더욱 좋다. 한바탕 옷장 정리와 대청소를 한 뒤 버리려고 모아둔 옷과 생활용품을 보면서 즐거운 상상을 해보자. 장바구니를 만들까, 방석을 만들까, 아이 장난감을 직접 만들어볼까, 당신만의 디자인 감각을 한껏 살려보라.

업사이클 제품을 만들면 필요한 물건을 얻고 쓰레기도 줄이는 일석이조 효과가 있다. 뿐만 아니라 손때가 묻은 중고품은 오래 사용한 것이라 독성이 사라져서 안전하다. 새 제품에서 나오는 시큼하고 눈을 따갑게 만드는 환경호르몬과 화학물질 같은 독성이 없기 때문이다. 또 여러 가지 재료를 이용하여 생활소품을 만들다 보면 디자인 감각과 창의력이 살아나고, 재료를 따로 구입한 것이 아니라서 행여나 작업 도중 실패해도 덜 아깝다. 내가 원하는 물건을 세상에 하나밖에 없는 나만의 디자인으로 개발한다는 것, 정말 매력적이지 않은가?

✳ **업사이클 제품을 만드는 곳**
문화로놀이짱 norizzang.org
에코파티메아리 www.mearry.com
젠니클로젯 www.zennycloset.com
터치포굿 www.touch4good.com

질주하는 쇼핑에
휴식을 권함

비행기 안, 스튜어디스는 매우 바쁘다. 비행 시간은 2시간가량, 손님들에게 이어폰을 나눠주고 사탕을 나눠주고, 음료 서비스까지 쉴 틈이 없다. 이어서 승객들이 가장 기다리는 식사 서비스, 그리고 빈 그릇 수거까지 스튜어디스는 시종일관 상냥하지만 몹시 분주하다. 잠시 앉아서 쉴 여유가 없어 보인다. 입국신고서까지 나눠주고 이제 좀 조용해지나 싶었더니 이번에는 면세품 카트를 끌고 나타나 물건을 사라고 권한다. 면세품이라는 말에 승객들의 시선이 모두 카트로 쏠렸다.

"비행기 안에서만 판매하는 면세품이 따로 있대요."

옆 사람이 소곤거리는 말에 귀가 솔깃해져서 나도 모르게 상품 안내서를 뒤적이고 있다. 이미 공항에서 쇼핑을 실컷 즐겼는데도 말이다. 도대체 얼마나 사들여야 원이 풀릴까?

'삐비빅 삐비빅.'

휴대전화 문자가 왔다. 심심하고 무료하던 참에 은근히 반갑다. 그런데 광고 문자다. 지금 세일 행사 중이니 물건 사러 매장으로 오란다. 주말까지 할인해주고 포인트도 적립해준단다. 이런 문자는 한두 번이 아니다. 옷을 사고 휴대전화를 바꾸고 전자제품도 바꾸고, 유선 인터넷도 새로 설치하란다. 쇼핑 권유를 넘어 사생활을 엿보는 것 같은 기분마저 든다.

휴대전화가 울리고 낯선 번호가 떴다. 혹시나 해서 받으면 역시나 제품 홍보다. 내 대답은 들을 필요도 없다는 투로 뭔가를 열심히 설명한다. 전화 판매원도 고달픈 직업이겠구나 싶어서 가볍게 대답하고는 조용히 끊었다. 대기업이 나서서 아직 멀쩡한 휴대전화를 바꾸라고 부추기는 이런 영업 따위 하지 말라고 항의하고, 전화권유판매 수신거부 사이트에 등록도 했지만 달라진 것은 없었다. 하루에도 이런 전화는 3~5번, 몇 년째 계속 이어지고 있다. 이런 후유증 때문에 낯선 번호가 뜨면 받을까 말까 고민하고, 전화를 받을 때마다 혹시나 하는 의심증도 생겼다.

지갑을 열어라!

인터넷에서 뉴스를 읽으려고 클릭하면 광고가 크게 떠서 화면을 가려버린다. 영상을 보고 음악을 들으려고 클릭하면 일단 광고부터 감상해야 다음 화면으로 넘어간다. 내게는 필요 없는 면도기 광고를 어쩔 수 없이 바라보고 있는 내 신세가 씁쓸하고도 우습다. 콩나물시루 같은 지하철과 버스정류장, 길거리 간판, 대형빌딩 광고판 등 시선이 멈추는 곳 어디에나 어김없이 제품 광고가 가장 또렷하게 보인다. 도시의 거리는 낮이든 밤이든 상품 홍보로 번쩍번쩍 화려하다.

텔레비전 리모컨을 돌리다 보면 홈쇼핑 채널에서 약간은 다급하고 다그치는 듯한 높은 목소리로 제품을 설명한다. 마감임박이라고 지금 당장 사야만 이득이라고, 이 좋은 기회를 부디 놓치지 말라고 부추긴다. 멍하니 화면을 바라보다가 마음이 급해진다. 당장 전화번호를 눌러야 할 것처럼 조바심이 난다. 지갑을 만지작거려본다. 이번 기회에 사버릴까, 마음은 벌써 심하게 흔들리고 있다. 과연 우리는 살기 위해 물건을 사는 걸까, 물건을 사기 위해 사는 걸까?

미국의 최대 쇼핑 시즌인 블랙 프라이데이, 정해진 시간이 되자 어마어마한 인파가 매장의 문을 부수고 가게 안으로 뛰어들어 물건을 이것저것 집어 담느라 아우성이다. 이날만 되면 깜짝 놀랄 할인율 때문에 더 싼 물건을 보다 더 많이 사려는 사람들이 한꺼번에 몰려들어 서로 밀치고 몸싸움하는 것은 기본, 매장 안은 순식간에 아수라장으로 변해버린다. 블랙 프라이데이는 11월 마지막 목요일이자 추수감사절 다음 날 금요일로, 미국에서 최대의 소비가 이루어지는 날이라고 한다. 미국의 유통사들은 금요일부터 일요일까지 3일 동안 무려 상품 가격의 90%를 할인하는 특별 세일을 열기 때문에 소비자들은 이날만 손꼽아 기다린다. 블랙 프라이데이의 '블랙'이란 소비자의 소비심리가 되살아나 이전까지 지속되던 장부상의 적자red figure가 흑자black figure로 바뀐다는 뜻이다.

같은 물건이라도 수입해서 우리나라 매장에서 사는 것보다 해외 인터넷 사이트에서 직접 사면 더 싼 제품이 생겨나면서 우리나라 사람들의 해외 직접 구매, 즉 해외 직구족들도 점점 늘고 있다. 그러자 국내 유통업체도 한국판 블랙 프라이데이를 열고, 언론들도 부추기면서 그동안 잘 알지 못했던 소비자들에게도 은근히 알리는 역할을 하고 있다. 국내 카드사들은 해외직구 맞춤형 카드를 선보이고, 백화점은 해외직구와 비슷한 가격에 국내에는 없는 브랜드 제품을 선보인다고 한바탕 떠들썩하다. 아, 숨이 차다. 여기서 잠깐! 이렇게 멀리서 공들여 사 온 물건은 애지중지 열심히 잘 쓰겠지?

우리는 그래서 더 행복해졌을까?

"부스럭 부스럭, 텅텅."

한밤중 바깥에서 들리는 어수선한 소리에 창밖을 바라보았다. 우리 집 창문을 열면 건너편 빌라가 보이고 그 빌라 옆 가로등 아래는 집집마다 내놓는 생활쓰레기가 모이는 곳이다. 청소차가 와서 생활쓰레기를 옮겨 싣는 작업을 하느라 분주하다. 대형 청소차 위로 생활쓰레기가 그득하다. 청소차가 지나가자 골목은 깨끗해졌다.

다음 날 아침, 환기를 시키려고 창문을 열었다. 나는 습관처럼 창문을 열 때마다 가로등 아래 생활쓰레기 배출장소를 바라본다. 청소차가 다녀가고 하루도 지나지 않았지만 벌써 쓰레기가 나와 있다. 오후가 되면 쓰레기가 제법 많이 쌓이고 저녁이 되면 더 늘어난다. 청소차는 일주일에 세 번 오는데, 쓰레기 배출일이 되면 어김없이 수북하게 쌓인다. 명절이 지나거나 골목공사 때문에 청소차가 들어오지 못하는 날에는 거대한 쓰레기산이 만들어진다. 이 많은 쓰레기가 도대체 어디에서 계속 나올까 싶을 정도로 엄청나다.

쓰레기더미에는 다양한 사람들이 다녀간다. 이른 아침, 제일 먼저 종이를 수집하는 할아버지가 찾아온다. 과일상자나 택배 포장지같이 빳빳한 종이상자만 잘 펼쳐서 손수레에 실어간다. 이어서 종이란 종이는 모두 수집하는 할머니가 종이를 골라 자루에 담고 끈에 묶어서 가져간다. 점심 무렵이 되면 중년의 아주머니가 뒷짐을 지고 어슬렁어슬렁 찾아와 고장 난 전자제품과 프라이팬 같은 쇠붙이 종류만 골라 간다. 또 다른 할머니는 생활쓰레기 봉투를 뒤져서 낡은 옷과 신발을 골라내기도 한다. 다시 어스름 해 질 녘이 되면 젊은이들이 하나둘 쓰레기를 들고 나와 홀가분하게 버리고는 총총히 돌아간다. 쓰레기 배출일은 마치 벼룩시장이 열린 것 같다. 사람들은 열심히 사들이고 또 열심히 내다버린다.

계절이 바뀌자 내 마음도 바쁘다. 겨울옷과 겨울용품을 챙겨서 추위 대

비를 단단히 해야 한다. 주방에서도 김장 김치와 장아찌를 담을 그릇을 챙겨 놓고, 냉장고와 싱크대도 한바탕 뒤집어놓았다. 정리하다가 허리를 펴고 휘 둘러보니 싱크대와 찬장, 서랍, 구석구석에 물건이 참 많기도 많다. 아, 현 기증! 언제 이렇게 늘어났지?

예전보다 가구와 가전제품의 크기가 커지고 종류도 다양해졌다. 자연히 사람들이 선호하는 집의 크기도 커지고 있다. 짐 때문에 집을 늘려야 하는 상황이 된 것이다. 편리하기 위해 사들인 물건이 오히려 집 안의 쾌적함을 방해하고, 새로운 물건을 사들이기 위해 우리는 야간 근무를 하고 주말마저 쉴 수 없게 되었다. 그래서 과연 더 행복해졌을까?

우리 옷을 사지 말아주세요

2011년 유명한 아웃도어 브랜드인 파타고니아는 〈뉴욕타임스〉에 황당한 광고를 실었다. '우리 재킷을 사지 말아주세요DON'T BUY THIS JACKET', 자신들의 최고 인기상품인 재킷을 사지 말아달라는 광고와 함께 왜 사지 말아야 하는지에 대한 설명도 덧붙였다.

1. 이 재킷을 만들기 위해 물 135리터를 소비한다. 이것은 45명이 하루 3컵씩 마실 수 있는 양이다.
2. 본 제품의 60%는 재활용해서 생산했지만 이 과정에서 탄소가 20파운드 배출되었는데, 이는 완제품 무게의 24배나 된다.
3. 이 제품은 완성품의 3분의 2만큼 쓰레기를 남긴다.

파타고니아는 이 광고에서 자신의 상품이 환경에 어떤 영향을 주고 있는지를 공개했다. 이뿐 아니라 폴리에스테르 재킷은 재료의 60%를 재활용하고 높은 기준을 적용하여 만들어 견고한 품질을 가졌기 때문에 새 옷으로 자주 바꿀 필요가 없다고 했다. 그러니 소비자들은 꼭 필요하지 않은 옷을 새로 구매하지는 말아달라고 했다. 또 옷을 사되 패션이나 치장을 위해서가 아니라 꼭 필요한 옷만 사서 소비를 줄이자Reduce, 그 옷이 작아지거나 못 쓰게 됐을 때는 파타고니아 매장에 보내 고쳐 입자Repair, 그래도 더 입기 어려울 때는 그 옷을 필요로 하는 사람에게 주거나Reuse, 재활용Recycle하자, 이렇게 파타고니아는 4R 캠페인도 벌였다.

덜 소유하고
더 잘 사는 법

2013년에는 '낡아빠진 옷Wornwear'이라는 캠페인을 벌였다. 자신이 애지중지 간직해온 오래된 제품이 새 상품보다 낫다는 캠페인이다. 아버지가 입던 파타고니아 옷을 물려받은 아들이 자신의 모습을 찍어 블로그에 올리고 옷에 담긴 추억을 다른 사람들과 나눴다. 이런 황당한 캠페인을 통해서 오히려 소비자들은 브랜드 가치와 제품에 대한 신뢰를 갖게 되었고, 파타고니아는 좋은 품질의 상품을 만들어 고객들이 죽을 때까지 제품을 보증해주는 '평생보증lifetime warranty 제도'도 만들었다고 한다. 이왕 살 거면 오래 사용할 수 있는 제품을 사라, 무조건 빨리 사라고 부추기는 광고 속에서 물건의 가치를 생각하게 하는, 발상의 전환을 꾀한 캠페인이다.

2014년 블랙 프라이데이는 11월 28일이었다. 그렇다면 이틀 전인 11월 26일은 무슨 날일까? 해마다 11월 26일은 '아무것도 사지 않는 날Buy Nothing Day'이다. 하루 동안 쇼핑을 멈추고 우리의 소비생활과 환경에 대해 생각해보는 날이다. 1992년 캐나다에서 시작된 '아무것도 사지 않는 날'은 광고계에서 일하던 테드 터너가 처음으로 과소비의 유혹에 맞서보자고 주장한 날이다. 그의 좌우명은 '충분할 만큼 충분하다!', 이만하면 충분하니 끊임없는 부추김에 반대하자고 주장했다.

나는 일주일에 몇 번이나 쇼핑을 할까? 쇼핑한 물건은 정말 필요한 것일까? 경쟁사회에 살고 있는 우리가 어쩌면 소비마저 경쟁하고 있는 건 아닐까? 최신 유행 제품을 사들이면 더 편하고 우아한 생활을 즐길 것이라 기대하지만 지갑은 얇아져만 가고 갚아야 할 할부금만 차곡차곡 늘어간다. 할부금을 갚기 위해 야간 근무를 하고 주말에도 일거리를 안고 산다. 매장을 찾아가지 않아도 누구나 쉽게 접근할 수 있는 텔레비전과 인터넷 쇼핑이 늘면서 중독성 쇼핑족도 늘고 있다. 물건을 고르면서 느끼는 즐거움과 설렘, 만족감을 느끼기 위해 필요하지 않은 물건까지 사들이는 것이다.

쇼핑중독은 가정 경제가 휘청거리는 문제를 넘어 지구의 자원마저 고갈시키고 있다. 물건의 원재료를 얻기 위해 광산을 개발하고, 식물을 재배하는 동안 물과 석유, 전기, 노동력 같은 에너지가 필요하다. 또 상품을 운반하면서 공기 오염과 과대포장, 교통 체증 같은 여러 문제가 생기고, 쓰던 물건을 내다버리면서 쓰레기가 늘어나고 오염문제가 생기고 처리비용도 늘어나게 된다. 절제하지 못한 우리의 소비가 자원을 고갈시켜 다음세대들이 사용할 권리마저 뺏는 건 아닐까?

소비를 하지 않을 순 없지만 내게 맞는 적절함, 내가 감당하고 지구 자원이 감당할 수 있는 적절함이 필요하다. 어느 날이라도 좋다. 단 하루, 쇼핑을 잠시 멈추어보자. 멈출 줄 모르고 질주하는 쇼핑의 무한질주에 잠시 휴식을 권한다. 우리가 쇼핑을 쉬는 날, 지구 역시 휴식을 즐기는 날이 될 것이다. 지금 쇼핑을 즐기고 있다면 나에게 조용히 물어보자. '정말 필요한 걸까, 지금 당장 사야 할까…'.

나도 혹시 쇼핑중독자?

- 하루 중 쇼핑하는 시간이 가장 기쁘다.
- 물건을 사면 기분이 좋아진다.
- 눈에 띄는 옷이나 물건은 오늘 꼭 사야 마음이 놓인다.
- 맘에 드는 디자인의 옷이나 물건을 2~3개씩 산다.
- 가격이 싼 물건을 발견하면 횡재했다는 기분에 일단 사고 본다.
- 뜯어보지도 않은 택배 상자가 집 안 어딘가에 있다.
- 새로 사서 사용하지 않은 물건도 있다.
- 물건이 필요하기보다는 쇼핑하는 그 자체가 좋다.
- 컴퓨터 즐겨찾기 목록에 쇼핑 사이트가 10개 이상이다.
- 텔레비전 홈쇼핑을 보면 곧바로 주문전화를 건다.
- 맘에 드는 물건이라면 한 달을 기다려야 하는 해외직구라도 꼭 사고 만다.
- 쇼핑 때문에 신용카드 한도금액이 초과되는 일이 종종 있다.
- 쇼핑한 물건을 가족들이 보지 못하도록 숨긴다.
- 쇼핑습관을 스스로 통제하지 못하고, 죄책감마저 든다.
- 쇼핑에 드는 돈과 시간이 점점 늘어나지만 별 느낌이 없다.
- 일주일에 3번 이상 쇼핑을 하지 않으면 금단현상이 일어난다.

이 중 당신은 몇 가지 증상을 겪고 있는가?

5개 이하   심각한 상태는 아니지만 틈틈이 소비 습관을 되짚어보기를 권함.

6~10개   한 달 동안 지출하는 돈과 지출항목을 나눠서 꼼꼼하게 확인해야 하는 요주의 인물. 자신의 옷이 몇 벌인지, 쓰지 않고 쌓아둔 물건은 얼마나 되는지, 주기적으로 확인하여 소비 습관을 확실하게 바꿀 것을 권함.

11개 이상   매우 심각한 쇼핑중독 상태. 정신과 전문의 도움을 받아 삶의 즐거움을 다른 곳에서 찾을 수 있게 적극 노력하기를 권함.

◉ 함께 읽으면 더 좋은 책
《나는 쓰레기 없이 산다》 비 존슨 지음 / 청림Life
《아무것도 못 버리는 사람》 캐런 킹스턴 지음 / 도솔

공유,
어디까지 나눠봤니?

"즐거운 식사시간이에요!"

저녁 6시가 되자 식탁 위에는 촛불이 켜지고, 사람들이 하나둘 부엌으로 들어왔다. 오늘도 고소한 향을 풍기는 음식은 뷔페식으로 차려졌다. 사람들은 먼저 자신의 이름이 적힌 종이에 식사하러 왔다는 표시를 하고, 음식을 접시에 적당히 담아서 삼삼오오 둘러앉아 먹기 시작했다. 아이가 여럿이라 요리하기 힘든 엄마도, 막 퇴근해서 피곤한 직장인도, 혼자 사는 싱글족도, 이 부엌에서는 따뜻한 음식을 함께 먹을 수 있다.

스웨덴 스톡홀름 툴스투칸 아파트에는 독특한 부엌이 있다. 이 아파트에는 20가구 73명이 살고 있는데, 이들은 공동부엌에서 요리를 하고 함께 먹는다. 정확하게 말하자면 요일별로 돌아가면서 4명이 한 팀이 되어 요리를 하고 다른 사람들은 맛있게 먹는다. 공동부엌에서 저녁식사를 하려면 누구든 요리 당번을 해야 한다. 다른 약속이 있거나 출장을 떠나서 식사하지 못하는 사람들을 제외하고 보통 50인분가량을 준비한다.

요리 메뉴는 회의에서 결정하고, 요리 당번도 자신의 일정을 보고 편한 시간으로 정한다. 5주에 두 번만 요리에 참여하고 다른 날은 그냥 맛있게 먹으면 된다. 이 공동부엌이 있어 날마다 요리하지 않아도 되고, 시간도 절약할 수 있다. 평일 집에서 매일 한 시간씩 요리하면 일주일이면 5시간, 5주면 25시간이 필요하다. 그런데 공동부엌에서는 5주에 2시간만 요리하니 무려 23시간을 절약하는 셈이다. 주말과 휴일에는 집에서 요리하든, 외식을 하든 스스로 알아서 해결한다.

이웃들이 모여 이야기를 나누며 먹으니 혼자서 쓸쓸히 식사하는 사람도 없다. 노인도, 젖먹이 아기 엄마도, 직장인도, 공동부엌 덕분에 한결 끼니 걱정을 덜었다. 스웨덴 스톡홀름에는 1인 가구가 47%나 되는데, 이 공동부엌을 이용하는 싱글족들은 혼자 살면서 끼니를 대충 때우지 않아도 된다.

공동부엌에서 가장 중요한 것은 음식이 맛있어야 하고, 날마다 약속한 시간에 요리가 완성되어야 하고, 음식 양이 충분해서 누구든지 와서 먹을 수 있어야 한다는 점이다. 식사만 공동으로 할 뿐, 다른 생활은 집에서 각자 생활한다. 사생활은 보호받고 공동생활은 누릴 수 있으니 도시 사람들에게는 말 그대로 꿈의 부엌이라 할 수 있다.

'오늘은 또 뭘 먹지?'

날마다 스스로 끼니를 해결해야 하는 사람들의 가장 큰 고민이다. 조국 통일이나 지구 환경문제보다 더 절박한 고민은 '지금 뭘 먹을까?'이다. 시장과 마트를 돌면서 내 손으로 장을 보고 직접 요리해서 먹고, 또 설거지까지 하려면 시간도 오래 걸릴 뿐 아니라 음식도 그렇게 맛있지 않다. 음식을 즐기는 것이 아니라 굶주린 배를 채워야 하는 절박함이 남아 있을 뿐이다. 함께 모여 식단을 짜고 계획 구매를 하면 상해서 버리는 음식쓰레기도 줄일 수 있고, 요리에 드는 시간과 에너지도 줄일 수 있다. 아파트나 빌라같이 공동주택에 사는 사람이 아니더라도 가까운 이웃들이 모여 식사를 같이 하고 어울리면 세상이 좀 더 살만해 지지 않을까?

당신이 나눌 수 있는 모든 것

"액자를 벽에 걸어야 하는데 망치가 없네."

새 집으로 이사를 하거나 집 안을 꾸미다 보면 공구가 절실하게 필요하다. 멋있는 그림 액자를 걸어야 하고, 시계와 달력도 벽에 고정시켜야 한다. 주방에는 아담한 선반도 달고 싶다. 그런데 겨우 못 몇 개 박으려고 망치를 사고, 선반 하나 달려고 전동 드릴을 사기엔 망설여진다. 자주 쓰는 물건이 아니라서 막상 사놓으면 애물단지가 되기 때문이다. 그럼 이 멋있는 그림과 깔끔한 선반은 당장 어떻게 하란 말인가? 이럴 때 필요한 건 뭐? 바로 공유 카페다.

서울시 광진구 화양동주민센터 1층에 있는 '씨앗카페 느티', 얼핏 보면 음료를 마실 수 있는 보통 카페이다. 하지만 시선을 돌려 카페 한편에 있는 책장에 주목하시라. 책이 가지런하게 꽂힌 책장 옆에는 다양한 생활용품들이 진열되어 있다. 공구가방, 작업등과 릴선, 캠핑랜턴, 텐트와 해먹, 등산 배낭과 도시락 가방, 찬합, 다용도 찜기, 제기용품과 위패까지…, 누구네 집 수납창고를 그대로 옮겨놓았나 싶을 정도로 물건들이 다양하다. 가만 살펴보면 이 물건들의 공통점이 있다. 일 년에 한두 번쯤 필요하지만 자주 사용하는 물건은 아니라는 것. 하지만 때맞춰 준비해놓지 않으면 곤란해지거나 낭패를 볼 수 있는 것들이다. 이곳에 있는 생활용품은 모두 주민들이 기증한 것인데 필요한 사람이라면 누구든 대여할 수 있다. 물건을 공동으로 사용하면 비용을 절약할 수 있고, 집집마다 짐을 쌓아둘 필요도 없다.

이 씨앗카페는 화양동 주민들의 모임인 '느티마을사회적협동조합'이 운영하고 있는데, 조합원이 아니어도 누구나 이용할 수 있다. 바로 공유를 실현하는 곳이기 때문이다. 물건뿐 아니라 자신의 재능을 나누는 특강을 열고, 친환경 농산물 직거래 장터도 열고, 주방용품과 유아용품 물물교환도 한다.

'나는 가진 게 없어서 나눌 것도 없어!'라고 생각하고 있는가? 우리가 나눌 수 있는 것은 생각보다 많다. 씨앗카페 벽에는 이런 글이 적혀 있다.

'씨앗카페 느티에서는 나누고 싶은 모든 것이 공유의 대상이 됩니다. 당신에게 의미 있었던 무엇인가가 다른 이에게 또 다른 의미로 다가갈 수 있다면.'

당신의 꿈을 키워주었던 오래된 책, 당신이 사용했던 특별한 생활용품과 옷, 유아용품, 당신이 가진 특별한 능력과 예술, 교육, 수리기술 등 재능기부, 그리고 당신의 물건에 담겨 있는 이야기까지 무엇이든 나눌 수 있다. 나눌 수 있는 것은 무궁무진하다.

"이 옷을 어쩌면 좋지?"

일 년 내내 햇볕 한번 못 보고 옷장에만 걸려 있는 정장 옷, 거금을 주고 산 옷이라 처분하기엔 아깝고 그냥 두자니 안타깝기만 하다. 이런 옷을 꼭 필요로 하는 사람과 나누는 방법이 있다. 취직을 하려고 회사 면접을 보러 갈 때는 뭐니 뭐니 해도 깔끔한 정장 차림이 최고다. 그러나 취업이 절박한 청년구직자가 비싼 정장을 덜컥 사기엔 호락호락하지 않은 가격 때문에 망설여진다. 이런 고민을 해결해주는 곳, '열린 옷장'이 있다.

정장이 절실하게 필요한 사람이 있는가 하면, 거금 들여 산 정장을 옷장 안에 고이 모셔둔 사람도 있다. 취업에 합격하고 옷이 닳도록 입을 거라 굳게 믿으며 거금을 지불했지만 막상 잘 입지 않게 된다. 이렇게 어두운 옷장에서 잠자던 옷을 기증하면 옷은 훨훨 날개를 달고 새 주인을 찾아갈 것이다. 정장 옷을 공유하는 사회적 기업 '열린 옷장'에 기증하면 말이다.

대학생이나 청년구직자들은 용돈 대부분을 학비와 생활비로 쓰기 때문에 정장 옷을 사기엔 부담스럽다. 열린 옷장에서는 윗옷과 바지, 치마를 각각 티셔츠 한 벌 가격으로 빌릴 수 있고, 넥타이와 벨트, 블라우스, 구두도 싼값에 빌릴 수 있다. 기증자는 잠자던 옷에 새 주인을 찾아주고 옷장은 시원하게 비우고, 대여자는 싼값에 좋은 옷을 빌릴 수 있으니 누이 좋고 매부 좋고 얼마나 좋은가. 자녀의 결혼식 때 입을 멋진 양복을 찾는 아버지들도 열린 옷장을 찾는다. 이날만큼은 아버지가 십수 년 동안 입어온 낡은 양복보

다는 최신식 양복을 차려입고 싶은 것이다. 그렇다고 이날 단 하루를 위해 거금을 지출하는 것보다는 대여해 입는 것이 합리적이다.

도시, 공유경제를 만나다

지금은 공유의 시대이다. 이렇게 물건을 소유의 개념이 아니라 서로 대여해주고 빌려 쓰는 개념으로 인식하고 경제활동을 하는 것을 공유경제^{Shar-}ing Economy라고 한다. 미국 하버드 법대 로렌스 레식 교수가 2008년 처음 사용한 이 공유경제는 물건을 필요한 만큼 빌려 쓰고, 나에게 필요 없는 것은 다른 사람에게 빌려주면서 서로 공유하는 방식의 경제활동을 말한다.

공유경제라는 용어는 최근에 생겨났지만 우리나라에도 괜찮은 공유경제가 있다. 바쁜 농사철에 서로 돌아가면서 일손을 돕는 품앗이나, 중고물건을 서로 교환하는 아나바다 운동 같은 활동이 있다. 이 공유경제는 2008년 세계 경제 위기를 겪으면서 더욱 주목받고 있는데 저성장과 불경기, 취업난 같은 문제가 심해지면서 집집마다 물건을 소유하는 것보다 함께 나눠서 쓰자는 합리적인 소비로 눈을 돌리게 된 것이다. 또 IT기술과 소셜 네트워크가 발달하고 아이디어와 정보를 교환하는 것이 편리해지면서 다양한 공유경제 활동을 가능하게 했다.

공유경제를 지향하는 공유기업들도 생겨나고 있는데, 공유기업의 특징은 이용자와 중개자(공유기업), 사회 전체 모두에게 이익이 돌아가는 윈윈^{win-}

win 구조이다. 공유기업은 기업의 수익이 사회적 기여로 연결되어 대여자는 유휴자원을 이용하여 수입을 올리고, 이용자는 비용을 절약하고, 사회 전체로는 자원의 절약과 환경문제를 해소하는 좋은 효과를 얻을 수 있다.

이러한 공유경제 개념은 새로운 주거문화에도 신선한 바람을 불어넣고 있다. 하루가 다르게 치솟는 전세금과 월세를 감당하기 어려운 사람들이 공유주택Sharehouse(셰어하우스)에 모였다. 저마다 생활하는 방이 있고 거실과 주방, 욕실은 공동으로 이용하는데, 집에 드는 비용을 줄이고 서로를 챙겨주는 새로운 가족도 얻을 수 있기 때문이다. 혼자 사는 삶이 쓸쓸하고 공동생활을 즐기는 이들이라면 공유주택이 좋다. 외국여행을 가면 낯선 곳에서 내가 원하는 적절한 가격과 위치에 깔끔한 숙소를 구하는 것이 생각처럼 쉽지 않다. 이런 여행자들을 자신의 집으로 초대해주는 사람들이 있다. 홈스테이코리아www.homestaykorea.com에 우리 집에 대한 간단한 정보와 설명을 올려놓으면 우리나라를 찾는 외국인 방문객이 찾아온다. 그리고 내가 해외여행을 떠날 때도 이 사이트에서 괜찮은 숙소를 구할 수 있다.

자전거와 자동차, 사무실, 음식, 경험, 지식까지 나눌 수 있는 것은 한계가 없다. 공유경제는 경제 위기를 맞아 지갑이 얇아진 사람들에게 큰 도움이 되고, 기후변화와 에너지 고갈 시대를 대비하여 물건을 생산하고 폐기하는 과정에서 발생하는 에너지도 줄일 수 있다. 버려지는 물건을 줄여서 쓰레기도 줄일 수 있고, 식량문제와 빈곤을 극복하는 좋은 대안이기도 하다. 공유경제에 참여한 사람들끼리 좋은 이웃, 좋은 친구가 될 수 있고, 이런 괜찮은 사회적인 관계가 늘어나면 사회문제도 줄일 수 있을 것이다. 또 사람들에게 합리적 소비의 중요성을 깨닫게 하고 필요 없는 비용을 줄여서 가정경제와 공동체에도 도움을 준다. 공유는 절약이자 좋은 나눔이다.

자, 우리 집을 찬찬히 둘러보자. 공유경제에 동참할 물건은 무엇이 있을까?

공유경제인으로 사는 법

1. 모임이나 작은 행사를 열 때는 분위기 있는 공유카페를 이용한다.
2. 작은 행사나 파티에는 음식을 하나씩 해 와서 같이 먹는 포트럭potluck 파티를 벌인다.
3. 쓸모가 없어진 생활용품은 벼룩시장이나 재활용 가게에 기증하거나, 인터넷 중고사이트에서 판매한다.
4. 입지 않는 어른 옷은 아름다운 가게www.beautifulstore.org에, 아이 옷은 키플www.kiple.net에 기증하여 새 주인을 찾아준다.
5. 가끔 정장 옷이 필요할 때면 열린 옷장www.theopencloset.net에서 빌려 입는다.
6. 일 년에 한두 번 필요한 생활용품은 친구나 이웃집에서 빌려 쓰고, 뜻 있는 사람들과 공유카페를 만들거나 동주민센터에 제안한다.
7. 가끔 자동차가 필요할 때는 카셰어링 차를 이용한다.
8. 비싼 전세금과 월세가 부담스럽다면 셰어하우스를 선택하여 새 가족을 만든다.
9. 해외여행을 할 때는 홈스테이코리아를 이용하고, 우리 집 빈 방도 외국 손님과 나눈다.
10. 자신의 지식이나 경험, 삶의 지혜를 나누고 싶다면 위즈돔www.wisdo.me에 강의를 개설한다.
11. 이외 공유에 관한 더 많은 정보를 얻고 싶다면 공유허브sharehub.kr를 방문해보시라.

◉ 함께 읽으면 더 좋은 책
《공유, 내일을 위한 삶의 방식》 CC KOREA 지음 / 공유허브
《공유경제》 로나 골드 지음 / 조윤커뮤니케이션
《공개하고 공유하라》 제프 자비스 지음 / 청림출판

공유
주택.

2014년 9월 서울 마포구 성산동의 다가구 주택 '함께주택'이 집들이를 열었다. 함께주택
은 오래된 집을 고쳐서 1인 가구 10명이 모여 사는 공동주택으로 꾸민 집인데, 주택문제
해결을 고민하는 주택협동조합이 리모델링한 집이다. 그전에는 지상 1, 2층과 지하에 3
가구가 살았는데, 방을 1인 가구 전용주택으로 고치고 층마다 공동 거실과 주방을 만들
어 함께 쓰고, 1층은 마을 사랑방으로 꾸며 동네 사람들도 찾아올 수 있는 공간으로 꾸몄
다. 주택협동조합이 집을 소유하고 1인 가구가 임대를 하는 형식으로, 소유와 임대를 분
리하여 집을 구하는 복잡하고 번거로운 과정을 줄이고, 서울 지역의 원룸보다 싼 보증금
과 월세를 지불하면서 공간은 넓고 쾌적하게 쓰는 장점이 있다. 더불어 새로운 가족과 정
을 나누며 살 수도 있다.

최근 들어 1인 가구가 늘고 부동산시장이 침체기를 겪으면서 주택에 대한 개념이 소유에
서 거주로 바뀌고 공유주택(셰어하우스)도 늘고 있다. 공유주택은 3~10명 안팎의 임차인
이 집 하나를 빌려 방은 각자 따로 쓰면서 화장실, 주방, 거실을 공유하는 주거 형태이다.
또 욕실이 딸린 방을 각자 쓰면서 식당과 거실을 함께 이용하고, 건물 1층에 있는 카페에
서 간단한 식사와 음료를 마시면서 입주자와 교류를 하는 형태도 있다.
개인 사생활은 보호받으면서 공동공간을 함께 이용하고 이를 통해서 주거비를 아끼고,
입주자들과 교류할 수도 있어서 혼자 사는 삶이 외로운 이들에게 인기가 좋다.
성냥갑 같은 원룸이나 고시원은 잠시 머물다 가는 곳이라고 생각하지만 공유주택은 갖
출 건 다 갖춘 살림집과 다름없다. 청년들의 주거권 보장과 불평등을 없애기 위해 노력
하는 민달팽이 유니온도 주택협동조합을 만들어 청년들에게 포근하고 안정적인 집을 공

급하는 데 주력하고 있다.

서울시 마포구 성산동에 있는 소행주(소통이 있어 행복한 주택 만들기)는 아홉 집이 모여 아예 건물을 새로 지었다. 건설회사에서 집을 지어 분양하는 익숙한 방식이 아니라 서로의 라이프스타일을 설계에 반영하여 아홉 집의 구조와 크기, 인테리어가 서로 다른 개성이 넘치는 집을 지었다. 복층 구조로 된 집, 방문이 없는 집, 아이들을 위해 거실을 크게 만든 집 등 집집마다 구조가 제각각이다.

소행주는 건물을 완공한 후 각각 입주하지 않고 그 집에 살 사람들이 일 년 전부터 자주 만나 서로 소통하면서 좋은 이웃으로 함께 살아갈 준비를 했다. 이 집의 핵심은 좋은 이웃들과 함께 사는 것이기 때문이다. 소행주 사람들은 문을 열어놓고 아이를 같이 돌보니 마음 놓고 바깥일도 볼 수 있고, 종종 입주자들이 함께 쓰는 공동공간에 모여 회의나 모임을 하면서 가족처럼 지낸다.

한편, 유럽의 중세 풍경을 잘 간직하고 있는 헝가리의 메제르 시는 마을 전체를 하루에 21만 포린트(약 85만 원)에 빌려주는 파격적인 임대사업을 벌이고 있다. 마을을 빌리면 농가 주택 12채와 농토 4헥타르, 포장도로와 비포장도로, 버스정류장, 말 6필과 암소 2마리, 양 3마리도 함께 건네받을 수 있다. 주민들 26명이 사는 이 작은 마을은 사람들이 일자리를 찾아 도시로 떠나고 빈 농가가 늘어나자 관광객을 모아 수입을 얻기 위해 이런 아이디어를 냈다고 한다.

헝가리의 중고품 거래 사이트에 이런 광고를 내자 이곳에서 결혼식을 올릴 수 있는지, 기업의 직원 수련회가 가능한지를 묻는 전화가 걸려왔다고 한다. 혼자 고독하게 사는 것보다는 집을 나누고 마을을 공유하여 인생을 함께 즐기려는 이들이 늘어나고 있다. 자, 마을을 통째로 빌려서 우리 마을이 생긴다면 어떤 일을 해보고 싶은가?

✳ **공유주택 관련 정보를 얻을 수 있는 곳**
  민달팽이 유니온 minsnailunion.tistory.com
  소행주 cafe.naver.com/cooperativehousing
  함께주택협동조합 cafe.daum.net/housingco-op

◉ 함께 읽으면 더 좋은 책
  《우리는 다른 집에 산다》 소행주, 박종숙 지음 / 현암사

지구인의 도시 사용법

02

에너지
소비자에서
에너지
생산자로

냉난방비 걱정 뚝!
패시브 하우스

"우리 집에 살면 오늘은 해가 쨍쨍한지 흐린지 매일 하늘을 쳐다보게 돼요. 일기예보에도 신경 쓰게 되고요. 마치 천수답에서 농사짓는 농부처럼 말이죠."

경기도 양평에는 좀 특별한 집 두 채가 나란히 앉아 있다. 에너지독립하우스 1호와 2호, 이 집의 주인들은 날마다 하늘을 올려다보고 날씨에 신경 쓰면서 자연에 가까운 생활방식으로 살고 있다. 지구에 사는 모든 생물들이 그렇듯이 말이다.

가을 오후에 접어들어 해가 기울자 몸이 으슬으슬해지면서 잔뜩 움츠러들 정도로 바깥 기온이 쌀쌀하다. 문을 열고 들어서니 따뜻하고 쾌적하다.

실내의 바닥과 벽을 이루고 있는 나무에서 나오는 향긋한 나무 향을 맡으니 낯선 공간의 어색함이 사라지고 마음마저 편안했다. 눈에 잘 보이는 곳에 놓여 있는 온도계는 26도! 10월 하순 쌀쌀한 날씨에 난방을 전혀 하지 않고 실내온도 26도를 유지하고 있단다. 그 비법은 무엇이고 그게 과연 가능한 일일까?

태양광 패널에서 생산하는 전기로만 생활하는 이 집은 놀랍게도 집 근처 전봇대와 연결된 전선이 없다. 한국전력에서 공급하는 전기를 아예 쓰지 않고 화석연료도 쓰지 않는다. 난방과 조명, 환기, 온수, 조리, 전자제품 사용까지 모든 에너지를 태양광 패널에서 자체 생산한 에너지만 가지고 사는 완전한 에너지독립을 이루었다. 당연히 전기요금 고지서도 나오지 않고 난방비와 냉방비도 따로 들지 않는다. 그래서 건물의 이름도 에너지독립하우스라고 지었다. 에너지독립하우스 1호에는 에너지독립연구소에서 활동하는 최우석 연구원 가족이 살고, 2호에는 여동생 가족이 살고 있다.

"얼마 전 비 오고 안개가 낀 이틀 동안은 전기 생산량이 매우 적었어요. 이런 날은 냉장고와 환기장치같이 24시간 돌아가는 기계만 작동시키고, 온수를 줄여서 덜 씻고 전등도 덜 켜서 에너지 소비량을 확 줄였어요."

집도 독특하지만 이 집에서 사는 방법도 독특하다. 이 집에 사는 사람들은 햇볕이 좋으면 빨래와 요리같이 밀린 집안일을 하고, 흐린 날은 에너지 사용을 줄이거나 볕이 좋은 날로 잠시 미룬다. 햇볕이 좋은 날은 태양광 패널에서 생산하는 에너지 생산량이 많아 전기를 마음껏 쓰고, 구름이 끼어 생산량이 적은 날은 축전기 배터리에 축전된 전기를 쓰기 때문에 조금 아껴 쓴다.

　최우석 연구원이 사는 에너지독립하우스 1호는 매일 9kW의 전기를 쓰고, 갓난아기가 있는 2호는 11.5kW를 쓴다. 몇 해를 사는 동안 전기가 끊어지는 일은 없었고 전기 절약을 위해 신경을 곤두세울 일도 없었다. 가끔 전기를 많이 소비하는 전자레인지 겸 오븐을 쓰는데, 해가 좋은 날은 오븐을 마음껏 써도 괜찮다. 또 해가 좋은 날은 세탁기를 돌리고 조리 시간이 긴 요리를 하고 전기온수기로 따뜻한 물도 맘껏 쓰고, 흐린 날은 좀 아껴 쓴다고 생각한다. 이 정도의 생각만 가지고 있으면 에너지독립은 누구나 가능하다.

　"이사 오고 처음 맞이한 2013년 겨울, 아침에 영하 7도, 한낮에는 영상 10도를 오가는 일주일이 가장 추웠어요. 이때 우리 집 실내기온은 가장 낮을 때 16도, 밤에는 17~19도가량이었고, 해가 좋은 낮에는 23~24도까지 올라갔어요."

　최우석 연구원은 컴퓨터를 통해 실내온도를 기록한 그래프를 보여주었다. 아파트 실내처럼 반팔 옷을 입고 다닐 정도는 아니지만 스웨터 안에 내복만 껴입어도 난방 없이 겨울을 날 수 있었다. 이렇게 단열이 잘된 집을 지으면 겨울에도 난방이 필요 없을 정도로 따뜻하다. 그리고 아무리 더운 여름이라도 실내는 26도 이상 올라가지 않았다. 에너지독립하우스에서는 에너지 생산량과 소비량을 늘 모니터링하고, 실내온도와 습도, 이산화탄소량도 날마다 측정하여 사람이 살기에 가장 쾌적한 조건을 찾고 있다.

태양의 힘으로 만드는 쾌적한 생활!

그런데 왜 이들은 에너지독립을 꿈꿨을까? 에너지독립은 고갈 위기를 맞은 화석연료와 위험한 원자력발전이 만든 전기로부터 독립하여 에너지를 적게 쓰는 집에서 생활하는 것을 말한다. 한국전력에서 공급하는 전선이 연결되어 있는 집은 전기를 선택해서 사용할 수가 없고, 위험한 방사능을 내뿜고 핵폐기물을 남기는 원자력발전으로 만든 전기를 쓸 수밖에 없다. 이런 문제를 극복하고 지속가능한 삶을 살기 위해서 에너지독립이라는 놀라운 실험을 시도했고, 이런 삶이 가능하다는 것을 직접 보여주고 싶었다. 실험이란 언제나 치밀한 준비와 대범한 용기가 필요하고 이것을 이루어냈을 때 기쁨 또한 큰 법이다.

에너지독립하우스 1호와 2호는 각각 250W 태양광 패널을 22개씩 5.5kW 용량으로 설치했다. 이 태양광에서 생산한 전기가 한국전력 전기와 전선으로 연결된 계통연계가 되어 있으면 연간 6,000~7,000kW 전기를 생산할 수 있다. 전기를 많이 생산하면 한전에 전기를 팔고 적게 생산하면 한전 전기를 쓰고, 이렇게 하면 사용한 전기소비량도 감쇄되어 여러모로 유리하다. 그러나 에너지독립하우스는 독립형이기 때문에 연간 3,000~4,000kW만 생산할 뿐이다. 물론 한국전력과 전선이 이어지지 않은 독립형이 불리하지만 원자력으로 만든 전기나 화석연료 없이도 불편하지 않고, 쾌적하게 살 수 있다는 걸 직접 보여주기 위해 이런 선택을 했다. 이런 집이 점점 늘어나서 마을을 이루고 도시를 이루면 지금 가동하고 있는 원자력발전소도 줄일 수 있을 거라는 희망 때문이다.

에너지뿐 아니라 쓰고 버린 물도 깨끗하게 정화시켜서 내보낸다. 주방과 욕실에서 나오는 생활하수는 1차 정화 탱크와 2차 정화 탱크를 거치면서 자연정화와 미생물학 처리를 한 뒤 재활용한다. 화장실은 많은 물이 필요한 수세식변기가 아닌 현대화된 비수세식 변기를 설치하여 물을 사용하지 않는다. 이 변기는 똥과 오줌을 분리해서 모으는데, 오줌은 하수와 섞어서 텃밭에 주고, 똥은 따로 퇴비간에 모아서 묵혔다가 텃밭의 거름으로 준다. 합성세제도 쓰지 않고 고형비누나 완전히 분해되는 식물성비누를 쓴다. 애초 계획은 빗물을 받아서 정화하는 상수도 독립도 꿈꿨는데, 상수도관이 집 가까이에 있고 설치비용도 싼 편이라 일반 상수도를 쓰고 있다.

패시브 하우스의 조건

이 집의 건축공법은 패시브 하우스Passive house 방식으로 지었다. 외부로부터 에너지를 끌어 쓰거나 전환하는 것이 아니라 에너지가 밖으로 빠져나가는 것을 최대한 막는 방식이기 때문에 수동적passive인 집, 즉 패시브 하우스는 에너지를 매우 적게 쓰는 집을 뜻한다. 독일 주택을 기준으로 보면 패시브 하우스는 일반 주택에 비해 난방 에너지 소비량이 10% 정도밖에 안 된다. 그래도 일반 주택처럼 따뜻하고 시원하게, 쾌적하게 지낼 수 있다.

패시브 하우스로 인정받으려면 몇 가지 조건을 통과해야 하는데, 연간

난방 에너지가 건물 ㎡당 15kWh를 넘지 않고, 냉난방과 온수, 전기기기 등 1차 에너지 소비량이 연간 ㎡당 120kWh 미만이어야 한다. 또한 문을 닫은 상태에서 공기가 새어나가는 양이 50파스칼 압력에서 실내공기 부피의 60% 미만일 정도로 기밀氣密(공기가 새거나 드나들지 못하도록 꽉 막힘)성도 있어야 한다.

패시브 하우스는 1988년 독일의 건설물리학자 볼프강 파이스트와 스웨덴의 룬드대학 교수 보 아담손이 처음 제안했다. 그 후 1991년 독일 다름슈타트에서 볼프강 파이스트의 집인 4세대 연립주택을 세계 최초의 패시브 하우스로 지었다. 그리고 오랫동안 집과 쾌적성에 관련된 연구자료를 모아서 이 집이 살기에 적합한지, 실현 가능한지를 측정했다. 이후 유럽에서는 패시브 하우스가 에너지를 절약하는 보편화된 건축기법으로 자리 잡았고 전 세계에도 많이 보급되었다.

패시브 하우스의 조건을 맞추려면 건물을 지을 때 5가지 원칙을 고려해야 한다. 바로 단열과 기밀, 열교 없는 건축, 고성능 창호, 열회수 환기장치이다. 이 중에서 가장 중요한 것은 단열인데, 집 전체를 마치 보온병에 집어넣는 것과 같이 단열이 끊어지지 않게 매우 철저하게 둘러싼다. 바닥과 벽, 지붕 단열이 끊어지지 않고 이어져야 하고, 그러려면 집 모양이 단순할수록 유리하다. 베란다같이 튀어나온 부분이 많으면 단열재를 둘러싸는 게 어렵고, 벽이 만나는 틈새 어딘가에서 단열이 뚫리게 된다. 찬 기운이 올라오는 바닥에는 건물의 무게를 지탱할 수 있도록 압축 강도가 큰 바닥단열재를 써서 열을 빼앗기지 않고 땅에서 나오는 유해물질도 차단한다.

벽이나 틈으로 공기가 새거나 드나들지 못하도록 기밀도 잘해야 한다. 집 전체에 어느 한 군데도 끊어지지 않도록 기밀면을 확실하게 만들면 에너지를 절약하고 건축물의 손상도 막을 수 있다. 열이 지나가는 고속도로와 같은 열교도 없애야 한다. 열교는 열이 다른 곳보다 더 잘 빠져나가는 틈을 말하는데, 열교가 생기면 에너지가 낭비될 뿐 아니라 습기가 생기고 곰팡이가 끼면서 건물도 상하게 된다. 창호는 단열이 잘되는 3중창을 설치하되, 여름에는 해가 적게 들어오게 하고 겨울에는 해가 많이 들어오도록 창을 낸다.

문을 닫고 사는 겨울에도 쾌적하게 지낼 수 있게 열회수 환기장치(바깥의 찬 공기와 실내의 따뜻한 공기가 이곳을 거치면서 열은 빼앗기지 않고 공기는 맑아지게 만드는 장치)를 통해서 실내공기를 환기시킨다. 패시브 하우스는 창으로 들어오는 햇볕이 난방에 큰 도움이 되고 사람이 내는 열과 가전제품이 내는 열, 조명이 내는 열 모두가 실내온도를 따뜻하게 만들어주는 역할을 한다. 열손실이 매우 적은 집이기 때문에 이런 미미한 열도 도움이 되는 것이다.

패시브 하우스의 주요 에너지원인 태양광은 가장 싸고 풍부하고 관리도 편리하고, 낮에 생산한 에너지를 축전기에 저장했다가 밤에도 쓸 수 있다. 최근에는 태양광 패널과 인버터, 축전기의 수명이 긴 제품들이 개발되어 예전보다 불편하지 않게 사용할 수 있다. 태양광 패널의 수명은 25년이고, 인버터는 20년 정도, 축전지는 15년가량 사용할 수 있다. 패시브 하우스는 건축과정에서 단열과 기밀에 많은 정성을 기울이기 때문에 건축비가 일반 주택보다는 조금 더 비싼 편이다. 그러나 일반 주택은 도시가스나 석유 같은 난방비를 매달 꾸준히 지불해야 하지만 에너지독립하우스는 난방비가 전혀 들지 않기 때문에 몇 년이 지나면 오히려 이익이 된다.

　최근 들어 건물을 지을 때 패시브 하우스로 지으려고 관심을 보이는 사람들이 늘고 있다. 만약 집을 지을 계획이라면, 내가 살 곳이 전기를 연결하기 어려운 두메산골이라면, 달마다 나오는 난방비가 두렵고 추운 겨울을 나기가 유독 힘들었다면 패시브 하우스에 관심을 가져보는 건 어떨까? 태양이 떠오르는 곳 어디라도 패시브 하우스를 지을 수 있고, 따뜻하고 쾌적한 에너지독립의 길도 열려 있다.

✳ **패시브 하우스 정보가 있는 곳**
에너지독립연구소 passiv.co.kr
패시브 하우스 전문 강좌를 열어 직접 건물을 짓거나 건축전문가를 꿈꾸는 사람들에게 좋은 정보를 주고, 에너지독립하우스 견학 행사도 열고 있다.

한국패시브건축협회 www.phiko.kr
패시브 하우스를 널리 알리고 보급하기 위해 전국에서 활동하는 건축가들이 모여 우리나라 조건에 맞는 표준주택을 만들고, 패시브 하우스를 보다 쉽게 지을 수 있도록 노력하고 있다.

◉ 함께 읽으면 더 좋은 책
《살둔 제로에너지 하우스》 이대철 지음 / 시골생활
《패시브하우스 콘서트》 배성호 지음 / 주택문화사

에너지 소비자에서
에너지 생산자로

원자력,
정말 안전할까? 。

원자력발전은 우라늄이 원자로 안에서 아주 작은 크기인 원자핵으로 쪼개지는 핵분열을 일으킬 때 내뿜는 아주 강한 에너지로 물을 끓여서 발전기의 터빈을 돌리고 전기를 일으킨다. 우라늄 1그램으로 석탄 3톤이나 석유 9드럼이 내는 에너지를 만들어낼 수 있다. 이렇게 적은 양으로 많은 전기를 일으키기 때문에 원자력발전은 싸고, 이산화탄소를 내뿜지 않아 깨끗하고, 안전장치를 철저히 했기 때문에 안전한 에너지라고 광고하고 있다. 과연 그럴까?

2011년 3월 11일 동일본 앞바다에서 규모 9.0의 대지진이 발생하여 쓰나미가 밀려왔다. 바닷가에 있던 후쿠시마 원자력발전소는 지진의 영향으로 정전이 되자, 발전소 안에 있던 원자로가 끓어올라 발전소 4기가 차례로 폭발하면서 땅과 바다는 방사능으로 오염되었다. 일본 정부는 발전소 부근 20㎞ 이내에 사는 주민에게는 피난령을, 30㎞ 이내 주민들에게는 실내대피령을 내렸고, 후쿠시마 현에서 피난생활을 하는 사람들은 15만 명이 넘었다. 주민들은 집과 논밭, 일터 등 땀 흘려 가꾼 모든 것을 두고 떠나야 했고, 정든 마을이 돌아갈 수 없는 죽음의 땅으로 변해버린 것을 지켜볼 수밖에 없었다. 어떤 전문가들은 일본 열도의 반경 300㎞까지 매우 넓게 오염되었다고 주장하기도 한다.

방사능 오염은 4년이 지난 지금도 계속되고 있다. 방사능에 오염된 냉각수는 여전히 바다로 흘러가고 있고, 발전소로부터 반경 20㎞ 지역의 오염된 흙을 5㎝씩 긁어모으는 작업도 계속하고 있는데, 어마어마한 양의 흙이 쌓이고 있다. 지금까지 일본 정부는 피해 보상금과 방사능 오염 토양 처리비, 방사능 중간처리장 건설비용 등 무려 102조 원을 썼는데, 앞으로도 예산은 더욱 늘어날 것이라고 전망하고 있다. 더구나 후쿠시마 발전소의 핵연료를 모두 꺼내고 처리하기까지 50년이 걸릴 것이라고 예상하고 있다. 1986년 옛 소련의 우크라이나 체르노빌 원전 사고는 29년이 지났지만 반경 30km 이내는 철망에 둘러싸인 출입금지 구역으로 아무도 접근할 수가 없다.

알파선, 베타선, 감마선 등 방사선이 우리 몸에 들어오면 세포를 죽이거나 손상시키고, 심할 경우엔 바로 사망하게 된다. 손상된 세포는 암세포나 기형세포로 변해서 갑상선암과 폐암, 신장암 등 암을 일으킨다. 불임과 유산, 선천성 기형, 기능 저하 등 생식계통 질환이 생기고, 임산부의 태아는 물론 자손까지 유전 질환이 나타난다. 이외에도 백혈병, 백내장, 폐질환, 중추신경계 질환 등이 생긴다.

방사선은 원자력발전소 사고 현장을 직접 목격하거나 가까이 있던 사람들이 피폭되는 외부피폭과, 피부를 통한 내부피폭, 호흡기를 통한 내부피폭, 음식을 통한 내부피폭이 있다. 방사선으로부터 몸을 보호하려면 방사선에 노출되는 시간을 가능한 짧게 하고, 멀리 떨어져 있어야 하며, 방사선이 내 몸으로 들어오지 못하도록 차폐를 해야 한다. 그래서 재빨리 건물로 피하거나 사고 현장에서 최대한 멀리 이주해야 하고, 방사능에 오염된 음식을 먹으면 안 된다.

원자력발전소는 세계 31개국 438기가 가동하고 있고(2014년 12월 기준) 우리나라는 울진과 경주, 울산, 영광에서 23기가 전기를 일으키고 있다(2014년 기준). 미국(100기), 프랑스(58기), 일본(48기), 러시아(33기)에 이어 우리나라는 세계에서 다섯 번째로 원자력발전소가 많아 원자력 안전지대가 아니다. 더구나 현재 공사 중이거나 계획 중인 신고리 1, 2호기와 신월성 2호기, 신한울 1, 2호기 등 원자력발전소는 더욱 늘어날 계획이다.

우리나라 원전 중 가장 오래된 고리원전 1호기는 1978년부터 가동을 시작해서 2007년에 설계수명이 끝났다. 설계수명 30년이란 원자력발전소를 30년 동안 가동할 수 있다는 뜻인데, 정부는 10년을 연장해주었고, 2017년까지 가동한 뒤 폐쇄하기로 결정했다. 월성 1호기도 1983년에 가동을 시작해서 2012년에 30년을 넘겼는데, 2022년까지 계속운전하기로 결정했다. 오래된 원전은 고장이 잦고 전기 발전을 멈추기도 해서 인근에 사는 사람들은 늘 불안에 떨고 있고, 많은 사람들은 오래된 원전을 폐쇄해야 한다고 강력하게 주장하고 있다.

이 불안한 원전의 가동을 멈추려면 정부에게 안전한 전기를 만들 것을 요구해야 한다. 또한 우리 집과 일터에서 사용하는 전기소비를 줄이고, 태양광발전과 풍력, 지열 같은 재생 가능에너지로 바꿔나가야 한다. 패시브 하우스처럼 집의 단열을 높여 에너지 사용량을 대폭 줄일 수 있다면 금상첨화!

전기요금
줄이는 비법

우리 집에는 콘센트가 참 많다. 안방에 있는 콘센트는 3개, 작은방에는 각각 2개씩, 욕실에도 하나, 보일러실에 하나, 넓지 않은 주방에는 무려 5개나 있다. 전기를 이용하는 주방기구가 늘다 보니 플러그를 꽂기 쉽도록 싱크대 위와 아래, 식탁 근처, 벽면 곳곳에 콘센트를 설치한 것이다. 물론 집을 건축할 당시부터 이렇게 전기 설계를 한 것이다. 그나마 전에 살던 사람이 선을 연결해서 만들어놓은 콘센트 2개를 없앴는데도 말이다. 우리 집은 말 그대로 손 닿을만한 거리마다 콘센트가 있다. 자연스레 나는 열심히 플러그를 콘센트에 꽂는다.

일 년 내내 작동하는 냉장고는 늘 플러그가 꽂혀 있고, 낄낄거리며 바라보는 텔레비전과 온갖 정보를 얻는 노트북도 자주 꽂혀 있고, 휴대전화와 카메라, 태블릿PC는 외출하기 전에 미리 충전해놓는다. 노트북은 콘센트가 여러 개 필요하다. 인터넷 모뎀과 외장하드, 프린터기 같은 관련 제품들 모두가 전기의 힘으로 작동한다. 상황이 이렇다 보니 우리 집의 콘센트는 늘 '바쁘다 바빠!'

전기요금 이메일 청구서가 왔다. 2015년 3월 우리 집 전기요금은 7,570원, 실제 사용한 전기량은 71kWh로 5,070원, TV수신료가 2,500원이다. 지난달에는 75kWh 7,850원으로, 전기를 가장 많이 쓴 달이라도 9,000원을 넘기진 않았다. 전기요금 청구서에는 서울시 마포구 평균 전기소비량이 189kWh인데, '고객님은 전기 절약을 잘 실천하고 계십니다'라고 적혀 있다. 어떻게 된 일일까? 그렇다면 우리 집 전기요금의 비법은 무엇일까?

우리 집 전기요금의 비밀

전기 절약을 늘 염두에 두고 생활하지만 절약에 대한 강박증이 있거나 전기를 아끼기 위해 수단과 방법을 가리지 않는 편은 아니다. 생활에 필요한 만큼 적당히, 쓸 만큼은 쓰자고 생각한다. 다만 낭비하는 부분만 없애기로 했다. 우선 대기전력을 차단한다. 노트북과 프린터기, 유선인터넷 기기 플러그는 스위치형 멀티탭에 꽂았다. 사용하지 않을 때는 버튼만 누르면 전기가 차단되니 무척 간단하다. 텔레비전과 선풍기 같은 전자제품은 사용할 때만 플러그를 꽂고 사용하지 않을 때는 뽑아둔다. 난방을 하지 않는 여름에는 보일러 플러그도 뽑아놓는다.

냉장고는 에너지소비효율등급 1등급 제품을 선택했다. 칸칸이 냉장온도를 설정할 수 있고, 사용하지 않는 빈칸은 전원을 끌 수 있는 제품이다. 고향 집에서 먹을거리를 보내주면 냉장고가 가득 차지만 가끔 비어 있을 때도 있어서 이런 제품이 낫겠다는 생각이 들었다. 빈칸의 전원을 껐다고 해서 얼마나 절약되는지는 정확하게 알지 못한다. 중요한 건 절약하려는 마음이니까. 이보다 더 작은 냉장고를 사고 싶었는데 구형냉장고는 에너지소비효율등급 4등급 제품이 대부분이라 여러 가지 기능을 갖춘 신형 제품을 선택했다. 냉장고는 10년가량 쓸 생각이기 때문이다.

세탁기는 오랜 고민 끝에 아기 옷을 빨 때나 싱글족들이 이용하는 소형 세탁기를 선택했다. 그동안은 손빨래를 계속했는데 겨울이나 장마철에 빨래 말리는 일이 점점 힘들어지면서 결국 세탁기를 사기로 결정했다. 물과 세제를 적게 사용하고 전기소비도 적은 소형 세탁기를 선택하고 보니 그동안 손빨래를 하면서 물과 세제를 너무 많이 사용하고 있었다는 걸 깨달았다. 손빨래를 해야 깨끗해지는 손수건이나 구김이 잘 생기는 옷, 속옷 등은 여전히 직접 빨고, 탈수가 필요한 두꺼운 옷과 수건 정도만 세탁기로 빨기 때문에 일주일에 한두 번가량 작동시킨다.

주로 생활하는 안방의 전등은 형광등이고, 불을 자주 켰다가 끄는 욕실 전등에는 삼파장 전구를 달았다. 이 전구가 수명을 다하면 바꾸려고 LED 전구를 준비해놓았다. 우리 집 욕실은 남향에 있어 볕이 잘 들고 환한데, 우리 집에 온 손님들은 낮 시간에도 습관처럼 스위치를 켜곤 했다. 저녁 어둠이 오기 전까지는 방이나 주방에도 전등을 켜지 않는다. 밤에도 주방에 잠깐 컵이나 그릇을 가지러 갈 때는 전등을 켜지 않는다. 모든 물건의 위치를 훤하게 꿰고 있는 익숙한 공간에서는 환한 불빛이 없어도 찾을 수 있기 때문이다. 전기소비도 습관이 중요한 것 같다.

최근에는 태양광으로 빛을 내는 태양광 손전등을 구했다. 낮에는 햇볕에 충전시켰다가 어두운 곳에서 불을 켜니 전기 걱정도 없고 아주 편리하다. 내친김에 베란다나 옥상에 미니 태양광발전기도 설치하고 싶은데, 우리 집은 남향이 아니라 햇볕 양이 충분하지 않고 전기요금도 적게 나오는 편이라 경제성이 없다고 했다. 다음에 이사를 하면 꼭 정남향 집을 선택해야겠다.

우리 집 전기 절약의 가장 중요한 비법이라면 열을 내는 전열제품을 거의 사용하지 않는다는 것이다. 전기밥솥이 아닌 가스 압력솥을 쓰고, 열풍기나 전기장판보다는 바닥 난방을 하면서 따뜻한 옷을 입고 두꺼운 양말을 신는다. 헤어드라이기는 손님이 가끔 찾는 바람에 사놓았는데, 나는 자연풍에 머리 말리는 것을 좋아해서 쓰는 일이 드물다. 산 가까이에 있는 우리 집은 시원하고 공기 소통이 잘되는 편이라 7~9월 더울 때만 선풍기를 돌린다. 열대야가 나타나고 참을 수 없을 정도로 더울 때는 8월 초순부터 2주가량인데, 2주를 위해 에어컨을 살 필요가 있을까? 사실 이건 통풍이 잘되는 우리 집의 위치와 더위를 많이 타지 않는 체질 덕분이라고 할 수 있다. 그런데 점점 심각해지는 기후변화 현상을 보면서 에어컨 없이 과연 몇 년을 더 버틸 수 있을지 걱정스럽기도 하다.

전기, 어떻게 써야 할까?

　도시에 살든 시골에 살든 문명을 거부하긴 어렵고 다양한 전자제품을 쓸 수밖에 없다. 그렇다면 전자제품을 똑똑하게 사용하고 에너지를 절약하는 방법을 알아보자.

　스위치를 켜는 순간부터 백열등은 60W의 전기가 흐른다. 삼파장 전구는 20W, 형광등은 24W, 형광등을 오래 켜두면 36W로 전기소비량이 높아진다. 카페 같은 실내 분위기를 만들어주는 할로겐등은 초기에는 40W, 오래 켜두면 50~60W가 소비된다. 그에 비해 LED 전구는 8W의 전기만 소비한다. 전등은 오랜 시간 켜놓기 때문에 백열등처럼 전기가 많이 소비되는 제품보다는 LED 전구가 훨씬 유리하다. 집 안이나 사무실에서 백열등을 쓰고 있다면 당장 LED 전구로 바꾸는 것이 좋다. LED 형광등도 있는데 전구가 없는 발광다이오드 형태라서 고장 나거나 수명이 다하면 통째로 갈아야 하고, 습기에 약하다는 단점이 있다.

　LED^{light-emitting diode}(자기발광 다이오드)는 전류가 흐르면 빛을 방출하는 광반도체 일종으로, 응답속도가 빠르고 태양광에 가장 가까우며 같은 전력으로 형광등이나 백열등보다 밝은 빛을 낸다. 또한 수은 같은 유해물질이 없어 친환경적이다. 다른 광원에 비해 수명도 길어 휴대전화, 신호등, 자동차, 외부경관 조명 등 다양한 분야에서 사용하고 있다.

　욕실이나 현관처럼 자주 등을 켰다가 끄는 곳은 형광등보다는 응답속도가 빠르고 전기소모가 적은 LED 전구가 낫고, 습기가 많은 욕실등은 보호

막으로 막아두어야 안전하다. 전자제품은 안전과 관련되어 있어 무조건 싼 제품보다는 전구의 수명을 고려하고 안전성이 검증된 회사의 제품을 선택하는 것이 좋다.

조명에는 반사갓을 달면 밝기가 2~3배 높아진다. 그렇다고 전등의 조도가 너무 밝으면 눈이 피로해지고 좋지 않다. 조도를 측정하여 전등과 전구의 수를 줄이는 것이 좋다. 일자등이나 십자등에는 반사갓을 씌우고 전구 하나를 빼놓는 것도 좋다. 대개 공부방과 사무실은 400~700룩스, 거실은 100~200룩스, 현관과 복도, 계단은 50룩스가 적당하다. 스마트폰에서 조도계 앱을 다운받으면 조도를 쉽게 측정해볼 수 있다.

전자제품을 살 때는 예쁜 디자인과 가격뿐 아니라 에너지소비효율등급을 확인하고 1등급 제품을 선택한다. 1~5등급 중 1등급에 가까울수록 에너지효율이 높다. 냉장고와 텔레비전같이 오랫동안 사용하는 제품일수록 1등급 제품이 낫다. 하지만 모든 전자제품에 1등급이 있는 건 아니다. 냉장고 중에는 양문형 냉장고같이 대형이거나 신형일수록 1등급이 많고, 믹서기와 선풍기, 전기포트 같은 소형 가전은 3등급이 흔하다. 1등급 양문형 냉장고보다는 3등급 일반 냉장고가 전력 소비량이 적을 수 있고, 1등급 에어컨보다는 3등급 선풍기가 전기를 적게 소비할 수 있다. 에너지 효율을 살피는 것도 중요하지만 정말로 나에게 필요한 제품인지 우리 집에 적당한 용량인지 먼저 생각해보는 것이 좋다.

전자제품은 1차 에너지원을 그대로 사용하는 제품이 유리하다. 우리가 쓰는 전기는 석탄과 우라늄으로 전기를 일으켜서 우리 집까지 먼 거리를 이동하는 과정에서 효율이 떨어지고, 우리 집의 전자제품을 통해서 전기를 열로 다시 바꾸는 과정에서 다시 에너지 효율이 떨어진다. 즉, 가스레인지로 물을 끓일 때 1차 에너지원인 가스는 에너지 변환과정을 거치지 않고 물을 끓인다. 그런데 전기포트로 물을 끓이면 전기는 1차 에너지원을 열에너지로 바꾼 뒤 물을 끓이게 되는데, 이 과정에서 에너지가 60%나 손실된다. 결국 더 많은 전기를 쓰게 되는 것이다. 전기밥솥과 전기 인덕션, 전기장판, 전기난로, 전기온풍기, 전자레인지, 헤어드라이기 같은 전열기구들이 그렇다. 그래서 이왕이면 가공하지 않은 1차 에너지원을 쓰는 것이 좋다. 전자제품을 살 때는 에너지소비효율등급과 그 아래 적힌 전기소비량과 탄소배출량을 확인한 뒤 꼭 필요한 전자제품만 구매하는 것이 좋겠다.

절전에도 타이밍이 중요!

여름철 가장 더울 때나 겨울철 가장 추울 때처럼 에너지 소비가 급증하는 피크타임에 전기가 모자라면 정부에서는 전기를 충분하게 공급하기 위해 더 많은 발전소를 지으려고 한다. 정전이 되면 가정과 직장뿐 아니라 산업계에서도 비상이 걸리고, 병원 같은 응급시설이나 안전시설에는 큰 혼란과 문제가 생길 수 있기 때문이다. 피크타임은 여름철 오전 10~11시, 오후 2~5시인데, 이 시간에는 청소기 작동이나 다림질 정도는 피하는 것이 좋겠다.

에어컨을 작동할 때는 선풍기를 마주보도록 틀어둔다. 에어컨과 선풍기

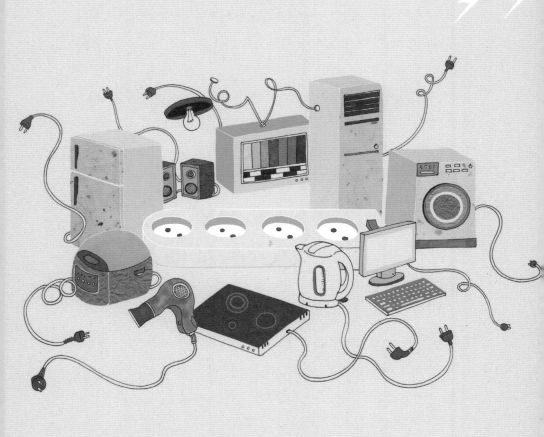

를 함께 틀면 냉기가 오래 유지되고 에너지도 20~30% 줄일 수 있다. 천장에 천장팬을 달면 선풍기보다 훨씬 시원한 느낌을 받을 수 있다. 여름철 실내 적정온도는 26도인데, 에어컨 설정온도를 1도 올리면 에너지를 7% 절약할 수 있다.

실내온도가 너무 낮으면 냉방병에 걸리기 쉽고, 에어컨을 작동하느라 창문을 모두 닫아놓으면 이산화탄소량이 늘어난다. 그러면 실내공기가 탁해지고 가슴이 답답하고 머리도 아플 수 있다. 가끔 실내 환기를 시켜주고 한 달에 1~2회 에어컨 필터를 청소하면 효율이 높아진다. 에어컨 실외기가 베란다나 옥상에서 직사광선을 받고 있다면 차양막을 덮어준다. 은박지 돗자리 모양의 차양막만 덮어도 에너지 효율이 20% 정도 높아진다.

식물을 키우면서 더위를 막는 방법도 있다. 건물 외벽에 담쟁이 같은 덩굴식물을 키우거나 창문에 나팔꽃이나 호박, 여주, 포도, 오이 같은 덩굴식물을 키우면 생명력 넘치는 녹색커튼을 얻을 수 있다. 창가에 화분을 나란히 놓고 덩굴식물이 타고 올라갈 끈을 연결하면 된다. 날마다 얼마나 자랐는지, 열매를 맺었는지 살피는 것도 생활의 즐거움이 될 것이다.

전자제품을 사용하지 않더라도 플러그를 꽂아두면 대기전력이 낭비된다. 대기전력으로 버려지는 전력이 가정용 전기소비의 6%나 된다. 대기전력은 TV 셋톱박스가 가장 높은데, 텔레

대기전력 소비현황

(출처, 2011년 대한민국 대기전력 실측조사)

1위 셋톱박스(12.3W)
2위 인터넷 모뎀(6W)
3위 스탠드형 에어컨(5.8W)
4위 보일러(5.8W)
5위 오디오 스피커(5.6W)
6위 홈시어터(5.1W)
7위 비디오(4.9W)
8위 오디오(4.4W)
9위 유무선 공유기(4W)
10위 DVD(3.7W)

비전을 시청하지 않을 때는 플러그를 뽑아둔다. 플러그를 꽂고 뽑는 것이 번거롭다면 멀티탭을 이용하여 버튼만 누르거나, 가족 중 가장 늦게까지 텔레비전을 보는 사람이 플러그를 뽑고 아침에 가장 먼저 일어나는 사람이 꽂도록 집안 규칙을 정하는 것도 좋다. 이렇게 하면 밤새 집 안에 흐르는 전자파도 막을 수 있어 전기소비를 줄이는 것은 물론 가족의 건강에도 좋다.

정수기는 필터로 정수를 하기 때문에 플러그를 뽑아도 정수 기능에는 아무 영향이 없다. 온수나 냉수가 필요하지 않은 봄, 가을에는 플러그를 뽑아둔다. 사무공간이나 공공시설에서 플러그를 꽂았다가 뽑는 것이 번거롭다면 설정된 시간에 자동으로 켜지고 꺼지는 절전 타이머 콘센트를 설치한다. 타이머 콘센트에 사용시간을 설정한 뒤 콘센트에 꽂고 전자제품 플러그를 여기에 꽂으면 끝! 설정시간을 사무실에서 근무하는 아침 9시부터 저녁 6시까지로 맞춰놓으면 그 시간에 맞춰 정수기가 작동하고, 이후에는 자동으로 꺼져서 전기소비를 대폭 줄일 수 있다. 물론 집에서도 가능하다.

우리가 지불하는 전기요금에는 누진세가 적용된다. 누진세는 전기를 많이 쓰면 쓸수록 점점 높은 세율을 부과하는 조세이다. 가령 한 달 동안 우리 집에서 210kWh 전기를 썼다고 하면, 우선 기본요금이 1,600원 적용된다. 그리고 처음 200kWh까지는 전력량 요금이 93.3원, 다음 201~400kWh에서는 187.9원이 적용되어 전기요금 합계는 22,139원이 된다. 여기에 부가가치세와 전력기반기금이 더해지면 우리 집 전기요금은 25,160원이 나온다.

이렇게 전기 사용량에 따라서 기본요금이 달라지고 전력량 요금도 93.3원, 187.9원, 280.6원 등 단계별로 점점 높아진다. 결국 전기소비를 줄일수록 누진세도 적게 적용되어 전기요금이 낮아지는 것이다.

전기, 아는 만큼 아끼고 줄일 수 있다.

가정용 전기요금 계산법

「한 달 우리 집 전기 사용량이 210kWh라면」

주택용 전력

- 처음 200kWh까지
  (200kWh 이하)
  전력량 요금 93.3원

- 다음
  (201~400kWh)
  전력량 요금 187.9원

❶ **기본요금** 1,600원
❷ **전력량 요금** 20,539원
    1단계 – 200kWh ×
    93.3원 = 18,660원
    2단계 – 10kWh ×
    187.9원 = 1,879원
❸ **전기요금합계** 1,600원
    (①) + 20,539원(②) =
    22,139원
❹ **부가가치세** 22,139원(③)
    × 10% = 2,214원
❺ **전력기반기금** 22,139원
    (③) × 3.7% = 810원
❻ **청구금액** 22,139원(③) +
    2,214원(④) + 810원(⑤)
    = 25,160원

에너지 소비자에서
에너지 생산자로

에너지 절약법

1. 실내 적정온도를 지킨다. 여름 26~28도, 겨울 18~20도.

2. 대기전력은 차단! 쓰지 않는 전자제품 플러그는 뽑아둔다.

3. 전기밥솥보다는 가스 압력밥솥을 쓴다. 가스 압력밥솥은 에너지를 7배까지 절약한다.

4. 냉장고는 적정온도로 설정! 여름철(냉장 5~6도, 냉동 영하 18도), 겨울(냉장 1~2도, 냉동 영하 20도).

5. 백열등(60W)은 LED 조명(10W)으로 바꾼다.

6. 빨래는 모아서 하고 세탁기 사용횟수를 줄인다.

7. 여름에는 쿨맵시로 시원하게, 겨울에는 온맵시로 따뜻하게!

8. 짧은 거리는 엘리베이터 대신 계단을 이용한다. 4층까지 걸으면 약 21㎉ 소모.

9. 사용하지 않는 공간의 전등과 조명은 끈다.

10. 전력피크 시간인 오전 10~11시, 오후 2~5시에는 전기 사용을 줄인다.

11. 에코마일리지에 가입하여 에너지를 줄이고 마일리지를 활용하자. 전기요금과 도시가스, 수도요금, 지역난방 등 에너지를 10% 이상 절약하면 최대 5만 원의 인센티브를 받을 수 있다. 가입은 각 지자체 홈페이지에서!

◎ 함께 읽으면 더 좋은 책
《착한 전기는 가능하다》 하승수 지음 / 한티재
《탈바꿈(탈핵으로 바꾸고 꿈꾸는 세상)》 탈바꿈프로젝트 지음 / 오마이북
《탈핵학교》 김익중 외 지음 / 반비

전기의
여행。

1887년 3월 6일 저녁, 경복궁 안 건청궁에서 작은 불빛이 깜빡이다가 밝은 불이 켜졌다. 이 불은 눈이 부실 정도로 밝았다. 이날은 우리나라 최초로 전깃불이 켜진 날이다. 그 당시 전기와 전등은 아주 귀해서 큰돈이 필요했기 때문에 궁궐에서 제일 먼저 전깃불을 켤 수 있었다. 미국의 에디슨 전기회사에서 직접 와서 발전기를 조립하고 전등을 연결했다. 경복궁 향원정 연못가에 발전설비를 세우고 연못의 물과 석탄을 연료로 발전기를 돌렸는데, 기계 돌아가는 소리가 천둥 치는 소리처럼 요란했다고 한다. 발전기를 돌리면서 연못의 물 온도가 올라가서 물고기가 떼로 죽어 떠오르자, 전등을 물고기를 끓인다는 뜻으로 '증어'라고 부르고, 전등이 자주 꺼지고 비용이 많이 들어가는 게 꼭 건달 같다고 해서 '건달불'이라 부르기도 했다. 그 후 1898년 한성전기회사를 설립하고 서울 시내의 전등, 전차, 전화 사업을 시작하면서 전기를 널리 쓰게 되었다.

지금 우리가 쓰는 전기는 강물을 이용하는 수력, 석탄과 석유와 천연가스를 이용하는 화력, 우라늄을 이용하는 원자력으로 생산된다. 이외에도 발전소에서 전기를 생산할 때 생긴 열을 이용하는 열병합발전소가 있고 햇빛과 바람, 파도, 지열 등 자연의 힘으로 에너지를 만드는 재생가능에너지도 있다. 발전소에서 만든 전기는 일정한 수준으로 전압을 높여서 1차 변전소로 보내고, 변전소에서는 큰 공장이나 도시와 마을 근처의 2차 변전소로 전기를 보낸다. 2차 변전소에서는 우리 집 근처에 있는 전봇대 위의 주상변압기로 전기를 보내고, 다시 우리 집으로 전기를 보낸다. 우리 집으로 들어온 전기는 벽 속에 숨어 있는 전선을 따라서 전등과 스위치, 콘센트로 연결되어 편리하게 사용할 수 있다.

발전소에서 생산한 전기를 우리 집까지 연결하려면 송전탑과 송전선이 필요하다. 대개 송전탑은 발전소에서 도시를 최대한 짧은 거리로 연결하기 위해 높은 산과 논밭을 가로

지르고, 송전탑을 세우고 관리하기 위해 차가 드나들 수 있는 도로가 들어선다. 송전탑을 세우려고 산 중턱을 깎고 도로를 닦자, 산사태가 일어나고 송전탑 근처에 사는 사람들과 가축들은 전자파 위협에 시달리고 있다. 그래서 밀양과 청도의 할머니들은 마을에 송전탑이 들어서는 것을 막기 위해 몇 년째 극한 싸움을 계속하고 있다.

발전소에서도 여러 가지 문제가 일어나고 있다. 수력발전소는 댐을 쌓아서 강물을 농업용수와 공업용수로 쓰고 전기도 일으키는데, 댐은 많은 물을 가두고 있어서 안개가 자주 낀다. 댐 근처에 있는 과수원과 농작물은 제대로 영글지 않고, 사람들은 호흡기 질환으로 고생하고 고향집이 댐에 수몰되는 바람에 정든 고향을 떠나기도 했다. 강을 거슬러 오르던 물고기들도 더 이상 이동할 수 없고, 댐 바닥에는 상류에서 떠내려온 쓰레기들이 썩어가고 있다.

원자력발전소는 우라늄을 아주 작은 크기의 원자핵으로 쪼개면서 이때 만들어지는 매우 강한 에너지로 전기를 일으키는데, 이때 독성이 매우 강한 방사능도 함께 나온다. 방사능은 짧게는 수십 초에서 길게는 백만 년 동안 독성을 간직하고 있어, 이것에 노출된 사람은 백혈병, 백내장, 암 등 심각한 병에 걸리고 엄마 배 속의 태아와 자손에게 유전되기도 한다. 전기를 생산한 뒤 나오는 핵폐기물에도 독성이 있어서 안전하게 관리해야 하는데, 원자력발전을 하는 세계 모든 나라는 핵폐기물을 방폐장에 모아둘 뿐 안전하게 처리하는 방법을 찾지 못하고 있다. 화력발전소 역시 온실가스를 많이 배출하고 석탄에서 나오는 미세먼지, 발전소에서 내보내는 온배수 때문에 물고기와 바다생태계의 변화 등 여러 가지 문제가 이어지고 있다.

이처럼 전기는 매우 편리하지만 동시에 매우 불편하다. 우리가 전기를 많이 쓰는 만큼 발전소와 송전탑 가까이 사는 사람들의 고통은 커지고 있다. 최근 들어 태양과 바람, 바이오매스, 지열, 바닷물 등 자연을 이용해서 전기를 만드는 재생가능에너지 이용이 늘어나고 있지만 아직 전체 전기생산에서 차지하는 양은 미미하다. 재생가능에너지의 생산과 이용을 높이는 노력과 함께 전기 낭비를 줄이기 위한 개인의 노력도 절실하다. 그것이 전기 발전으로 피해를 입은 사람들과 자연에 대한 최소한의 예의이기 때문이다.

내 몸의 적정온도는
몇 도인가?

    와아! 감탄사가 절로 터져 나왔다. 여기는 덕유산의 최고봉인 향적봉, 땅 위에는 흰 눈이 소복하고 하늘에는 짙은 안개가 뒤덮여 세상은 온통 눈부시게 아름다운 은백색이다. 수북이 내린 눈이 발목까지 푹푹 빠졌다. 살아 천년 죽어 천년을 산다는 주목도, 우리나라 특산종인 구상나무도 생크림을 듬뿍 바른 듯 몽글몽글한 흰 눈을 이고 있다. 그런데 너무 춥다.

    주머니에서 온도계를 꺼냈다. 온도계 막대가 쭉쭉 내려간다. 영하 9도, 으잉? 겨우 영하 9도란 말인가? 찬바람이 산봉우리를 휘감고 지나가자 손발이 꽁꽁 얼어버릴 것 같다. 이 정도면 영하 20도쯤이 아닐까? 이 온도계 고장 난 거 아냐? 온도계를 향해 의심의 눈초리를 보냈다. 그런데 추위를 피해

들어간 향적봉대피소의 온도계도 영하 9도를 가리키고 있다.

요즘 나는 온도계 놀이 중이다. 방문한 곳, 발길 머무는 곳마다 온도를 재본다. 사람들이 적당히 들어찬 12월 지하철 안은 20도, 버스 안은 18도이다. 버스 안은 아무래도 출입문을 열고 닫을 때마다 바깥으로 열기를 빼앗기는 모양이다. 세종로 정부중앙청사 사무실의 온도는 22도, 1층 로비의 온도는 24도로 좀 더 높다. 1층엔 커피숍과 은행이 있고 많은 사람들이 모인 곳이라 온도가 더 오른 모양이다.

행사차 들렀던 수원의 R호텔 회의장, 온도계를 꺼내자마자 파란 그래프가 쭉쭉 올라간다. 무려 25도다. 입고 간 외투를 벗고 싶다. 너른 회의장에는 200명이 넘는 사람들이 함께 있어서 실제 난방온도보다 올라간 모양이다. 그러나 겨울철 적정실내온도인 18~20도보다는 높다. 가장 놀라운 곳은 자동차 안, 한 시간가량 난방을 하자 온도가 27도까지 올라갔다. 우리 몸이 느끼기엔 약간 훈훈한 정도인데, 온도계는 한여름 온도를 나타내고 있었다.

쾌적한 온도를 찾아라!

이렇게 온도계 놀이에 빠진 것은 내게 맞는 겨울철 적정온도를 알아보기 위해서이다. 나는 더위는 잘 견디지만 추위에는 유난히 약하다. 좀 춥다고 느끼면 몸이 으슬으슬해지면서 화장실을 들락날락거린다. 코도 맹맹해지고 손발과 무릎이 시리고 정신이 산만해진다. 겨울철이면 한두 차례 앓고 지나가는 목감기도 무척 고통스럽다.

보일러의 온도를 조절할 때마다 몇 도에 맞춰야 에너지를 절약하면서 쾌적하게 겨울을 날 수 있을까 궁금했다. 정부에서 권하는 겨울철 적정실내온도 18~20도가 내게도 적당한 걸까 실험해보고 싶었다. 또 보일러를 몇 시간 동안 가동해야 집 안이 따뜻해지는지도 확인해보고 싶었다.

온도계 놀이의 중간 결과를 살펴보면 실내온도를 18도로 맞추면 춥지 않을 정도이고, 20도로 맞추어놓으면 쾌적했다. 22도를 맞추면 공기가 훈훈해서 얇은 긴팔 옷을 입어도 괜찮을 정도였다. 실내온도는 18~20도가 적절한데, 문제는 방바닥 온도이다. 공기는 훈훈하지만 방바닥이 차가워서 결국 보일러를 작동해야 하는 일이 종종 벌어졌다.

우리 집은 창문마다 이중창이고, 낮에는 볕이 들어서 따뜻한 편이다. 바깥 날씨가 영하로 내려가지 않는 한 몇 시간 외출했다 돌아와도 16~18도를 유지하고 있다. 그래도 난방을 해야 했다. 방바닥이 너무 차서 앉아 있을 수가 없었다. 날마다 난방을 할 경우, 보일러는 3시간가량 가동하면 적정온도로 올라갔다. 그래서 보일러를 가동한 뒤에는 시계를 확인하는 새로운 버릇이 생겼다.

한편, 여름에도 온도계 놀이는 계속되었다. 환경부에서 권장하는 여름철 적정온도는 26~28도이다. 너무 덥지 않을까 하는 선입견을 가지고 온도계 놀이를 시작했다. 실내온도 28도는 약간 후텁지근하지만 견딜만한데, 한낮에는 선풍기를 돌려야 했다. 26~27도는 좀 덥지만 상쾌하다. 25도는 서늘하고도 쾌적한데, 24도로 내려가니 긴팔 옷을 꺼내 입고 싶다는 생각이 들었다.

물론 이 실험은 우리 집, 내 몸의 경우이다. 나는 더위를 그리 많이 타지 않는 편이다. 집의 위치와 단열조건, 채광에 따라 차이가 있고, 사람마다 추위와 더위를 느끼는 정도가 다르다. 중요한 것은 내 몸에 맞는 적정온도를 알고 에너지를 절약하는 습관을 들이는 것이다. 겨울철 난방 온도를 1도 낮추면 에너지를 4%나 줄일 수 있고, 연간 이산화탄소 배출을 230㎏이나 줄일 수 있다고 한다. 더구나 우리가 사용하는 에너지는 거의 수입하고 있지 않은가.

우리나라는 석유 소비 세계 7위, 에너지 소비 세계 10위, 석유와 천연가스, 석탄, 우라늄 같은 에너지는 무려 97%를 수입하고 있다. 이산화탄소 배출량은 세계 9위를 기록하고 있다. 에너지 소비는 말 그대로 세계 수준이고, 대부분 수입에 의존하고 있어 국제 에너지 가격에 민감해질 수밖에 없다. 더구나 석유와 천연가스, 우라늄 같은 원료는 40~60년 사이에 고갈될 거라는 우울한 전망이 이어지고 있다.

상황이 이렇다 보니 보일러를 맘껏 작동시킬 수 없다. 도시가스 요금도 걱정이기 때문이다. 우리에게는 멀리 있는 국제 에너지 시장의 동향보다는 당장 달마다 청구되는 청구서가 발등에 떨어진 불이니 말이다. 그래서 난방비를 아끼기 위한 노력 또한 눈물겹다. 누구나 할 수 있는 쉬운 난방법은 무엇이 있을지 알아보자.

누구나 할 수 있는 난방법

먼저 난방을 시작하기 전에 창문을 모두 열어 환기를 시킨다. 답답한 공기와 함께 텁텁한 냄새를 내보내고 맑고 차가운 공기를 받아들인다. 창문을 닫은 뒤 보일러의 온도를 높이고, 주방에서는 물을 끓이거나 밥을 짓는다. 집 안에서는 내복을 입고 두꺼운 양말을 신고 따뜻한 스웨터도 하나 껴

입는다. 책상에 앉아 있을 때는 무릎담요를 덮는다. 이렇게 하면 몸이 따뜻해져서 실내온도를 조금 낮출 수 있다.

건물에는 기밀이 중요하다. 아무리 난방을 많이 해도 건물에서 공기가 새어나가면 소용없다. 창문에는 '뽁뽁이'라고 알려진 단열 에어캡을 붙였다. 분무기로 물만 뿌리고 붙이면 되니 간단하면서도 실내온도는 훈훈해진 느낌이 든다. 창문에 뿌연 비닐을 씌우니 답답하다는 사람도 있는데, 이럴 때는 '열차단 단열 윈도우 필름'이 좋다. 여름에는 윈도우 필름이 외부로부터 들어오는 태양열을 막아 실내온도를 낮추고, 겨울에는 실내의 난방열이 외부로 빠져나가는 것을 반사, 차단해준다. 또 다양한 색상이 있어 외부 시선으로부터 사생활을 보호할 수 있고, 유리가 깨지거나 깨진 유리 조각이 떨어지는 것도 막아준다.

문풍지보다 수명이 더 긴 방풍재를 창틀과 출입문 틈새에 문풍지를 붙이듯이 꼼꼼하게 붙이면, 겨울철 문틈을 비집고 들어오는 황소바람을 막을 수 있다. 바람을 막아주는 역할뿐 아니라, 창문도 고정시켜 주어서 태풍이 올 때 창문이 파손되는 것도 막을 수 있다. 창문에 암막커튼을 달면 냉기뿐 아니라 빛도 차단할 수 있고, 에너지도 20%가량 절약할 수 있다. 실내 블라인드는 단열 효과가 없는데, 설치한다면 건물 외부에 설치하는 블라인드가 낫다. 물론 실내 블라인드보다는 가격이 비싸고 건물에 설치할 수 있는 조건인지도 고려해야 한다.

볕이 잘 드는 낮에는 커튼과 블라인드를 모두 걷어서 따뜻한 기운을 최대한 받아들인다. 낮에는 되도록 난방을 하지 않고, 춥다고 느낄 때는 따뜻한 차를 자주 마시는 것도 좋다. 실내텐트를 방 안이나 침대에 설치하면 방 전체를 난방하지 않고 필요한 공간만 따뜻하게 지낼 수 있다.

난방비 줄이는 보일러

기름보일러든 가스보일러든 난방요금이 만만치 않다. 그래서 보일러에 대한 의견이 분분하다. 보일러에 대한 논쟁과 오래 사용하는 법을 알아보자. 우선 보일러를 끄는 것보다 외출 기능을 선택하면 절약이다? 기밀성이 높은 집, 즉 온기가 유지되게 잘 지은 집은 외출이나 출근 때 외출 기능을 설정하는 것이 낫다. 외출 기능은 난방수의 온도 15도를 의미하는데, 15도보다 내려가면 보일러가 작동한다. 그래서 틈새가 많아 공기소통이 잘되는 집은 외출기능으로 설정해놓으면 보일러가 자주 작동하기 때문에 난방요금이 올라간다.

가족이 생활하는 방만 난방하고, 다른 방은 밸브를 잠가라? 사용하는 방만 난방하는 것이 절약이긴 하지만, 방 하나의 밸브를 잠가둔다고 해서 방 두 곳을 난방할 때보다 에너지가 반으로 줄어드는 것은 아니다. 에너지 소비량 차이가 크진 않다.

보일러는 건조한 곳에서 습기 없이 유지해야 오래 사용할 수 있다. 대개 보일러는 다용도실에 세탁기와 함께 있는데, 세탁기를 옮길 수 없다면 환기를 자주 시켜서 습도를 줄이는 것이 좋다. 도시가스는 메탄이 95%인데, 메탄은 문을 여닫거나 플러그를 뽑는 과정에 스파크와 만나 화재로 이어질 수도 있다. 대개 보일러의 연통 주변을 찬바람이 들어오지 못하게 막아놓은 경우가 많은데, 메탄이 빠져나갈 공간이 있는 것이 좋다. 메탄은 위로 올라가는 성질이 있기 때문에 이 공간은 위쪽에 있는 것이 좋다. 보일러와 연결된 가스관의 15㎝ 이내에는 전선이 있으면 위험하고, 30㎝ 이내에 콘센트가 있으면 위험하다. 여의치 않다면 보일러실의 환기를 자주 시키는 것이 좋다.

보일러 분배기가 바깥에 있으면 열 손실이 크다. 보일러 분배기는 싱크대 아래나 실내에 있는 것이 좋은데, 추운 곳에 있다면 분배기에 천(낡은 옷)을 감싸고 다시 보온비닐을 감싸면 보기에는 좋지 않지만 단열에는 좋다. 보일러 난방수는 2~3년에 한 번 교환하는 것이 좋다. 수돗물이나 지하수에 포함된 석회 성분이 배관 속에 쌓여서 난방수 흐름을 막을 수 있기 때문에 너무 자주 바꾸는 것은 좋지 않다. 난방수 교체는 전문가의 도움을 받아야 한다. 보일러를 새로 바꿀 때는 에너지효율 1등급 제품이 좋은데, 건물의 면적과 효율을 적절히 고려해서 선택하는 것이 좋다.

우리 집 골칫거리, 곰팡이

바깥 온도와 실내온도가 15도 이상 차이 나면 외부에 맞닿은 벽에 이슬이 맺히면서 곰팡이가 생긴다. 이런 결로현상으로 단열이 취약한 아파트 베란다나 벽면, 벽지에 습기가 생겨 흘러내리면서 곰팡이가 생긴다. 곰팡이는 온도 20~40도 사이, 습도 60~80%, 산소가 공급되는 곳, 영양분이 있는 곳에서 잘 자란다. 습도가 한순간 높아지는 곳이 아니라 오래 유지되는 조건에서 성장하고, 온도가 낮아도 성장이 늦어질 뿐 쉽게 죽지는 않는다.

곰팡이는 빛이 없는 곳에서도 성장하고, 유기물에 기생하거나 탄수화물과 같은 영양분을 섭취하여 성장한다. 또 포자 번식을 하는데 방치하면 실내

전체에 퍼질 수 있다. 곰팡이의 영양분은 벽지나 먼지, 합판, 사람의 각질, 세제 등 다양하고 아토피와 무좀, 어루러기, 농가진, 완선, 이진균증 등을 일으킨다.

곰팡이를 예방하려면 온도, 습도, 영양분 중 한 가지 이상의 조건을 제거해야 한다. 각질이나 먼지가 곰팡이의 영양분이 되니 청소를 자주하는 것이 좋고, 환기를 자주 시켜서 온도와 습도를 낮추고 벽과 커튼, 가구와 벽 사이에 통풍이 되는 공간을 두는 것이 좋다. 자외선을 쬐면 살균이 되니 옷과 이불은 햇볕에 자주 말린다. 도배나 페인트칠을 하기 전에 곰팡이 제거 스프레이를 골고루 뿌려주면 예방할 수 있는데, 이런 곰팡이 제거제가 사람의 건강에는 좋지 않다. 그래서 여러 가지 조건을 고려하여 잘 판단하는 것이 좋다.

난방의 해결사, 단열재와 창호

건물 벽 전체나 일부에 단열재 공사를 하면 난방효과가 가장 높다. 바깥과 접해 있는 벽에 단열재를 설치하고 이중창만 설치해도 실내온도가 달라진다. 단열재를 고르는 기준은 등급 혹은 열전도율이다. 단열재는 열전도율의 범위에 따라 가, 나, 다, 라 등급이 있고, 제품 종류에 따라서 1호, 2호, 3호가 있는데, 가등급 1호가 가장 단열효과가 높다. 단열재 옆면에 보면 제품의 이름과 몇 호인지 적혀 있어 등급을 확인할 수 있다.

창호 역시 에너지소비효율등급 1등급일수록 단열효과가 좋다. 좋은 창호는 단열뿐 아니라 소음과 안전 예방에도 도움이 된다. 건물을 새로 짓거나 리모델링을 할 때는 고기밀 단열 창호를 선택하는 것이 좋다. 2중보다는 3중 창호가 단열효과가 높은데 2중 유리인지, 3중 유리인지 확인하고 싶다면 창호 가까이에서 라이터를 켜면 불빛의 상이 2중 유리는 2개, 3중 유리는 3개가 맺혀 쉽게 구별할 수 있다. 창호마다 가격 차이가 크니 예산에 따라 적절하게 선택하는 것이 좋다.

서울시를 비롯한 지자체와 에너지관리공단 등에서 난방과 에너지 절약에 관한 지원사업을 하고 있으니 건물을 리모델링할 계획이 있다면 참고하면 좋겠다. 또 서울시 에너지설계사, 사회적 기업, 에너지관리공단을 통해서 건물의 에너지를 진단받고 난방효과를 높이는 법에 대한 의견을 구하는 것도 좋다.

✳ 에너지 정보를 얻을 수 있는 곳

두꺼비하우징 www.toadhousing.com
건물의 에너지 진단과 단열공사를 해주는 에너지 전문 사회적 기업이다. 집이나 회사에서 에너지 문제 때문에 고민이 있거나 단열공사 계획이 있다면 도움을 받을 수 있다.

서울시 원전하나줄이기 정보센터 energy.seoul.go.kr
가정과 가게, 빌딩에서 에너지를 절약할 수 있는 다양한 정보가 있고, 서울시에서 추진하고 있는 에너지 정책에 대해서도 알 수 있다.

에너지시민연대 www.enet.or.kr
에너지 절약을 위해 활동하는 시민단체인데, 생활에서 쉽게 실천할 수 있는 에너지 절약 정보와 캠페인 등 다양한 정보가 모여 있다.

우리 집 에너지 절약 실천법

1. 실리콘, 문풍지, 알루미늄 보온커버 등으로 창문이나 현관문 등 틈새를 메운다.
2. 겨울철, 창문에 단열 에어캡(뽁뽁이)을 붙인다.
3. 냉난방기를 켤 때는 출입문과 창문을 닫는다.
4. 창문에 커튼을 단다.
5. 온도계로 실내온도를 측정한다.
6. 조도계로 실내 밝기를 점검한다.
7. 소비전력이 낮고 효율이 높은 전자제품을 사용한다.
8. 전기난방 대신 연료비가 싼 도시가스 난방을 한다.
9. 에어컨 필터와 실외기, 보일러 등의 청소 상태를 확인한다.
10. 건물의 내·외부 단열보강 작업을 한다.
11. 고기능성 창호(복층유리, 이중창, 고기밀성 단열창호)로 교체한다.
12. 햇빛 조절용 차양이나 덧창을 설치한다.
13. 열교환장치, 히트펌프 등 폐열회수설비를 한다.
14. 고효율 에너지 기자재 설치공사를 한다.
15. 신재생에너지(태양광, 태양열, 지열) 시스템을 설치한다.

– '서울시 원전하나줄이기 정보센터' 리플릿 참고

에너지 소비자에서
에너지 생산자로

햇빛으로 가능한
모든 것

태양의 식당

"오늘은 토마토가 듬뿍 들어간 파스타를 드세요. 햇볕이 쨍쨍 날씨가 맑으니까요."

"오늘은 샐러드만 드세요. 날이 흐리잖아요."

이 식당의 메뉴는 손님이 선택할 수 없다. 요리사 마음대로이기 때문이다. 손님들은 운이 좋아야 자신이 원하는 요리를 맛볼 수 있다. 그런데 이 제멋대로 요리사를 움직이는 것은 따로 있었으니 그것은 바로 하늘, 즉 날씨이다. 요리를 시작하기 전에 요리사는 하늘을 한참 동안 올려다본다. 그리고 오늘의 메뉴를 결정한다. 메뉴는 손님이 아닌 요리사와 날씨가 결정하지만 음식의 맛은 미식가들이 인정할 정도로 맛있다. 바로 자연이 준 태양의 요리이기 때문이다.

핀란드의 팝업 레스토랑 '라핀 쿨타 솔라 키친Lapin Kulta Solar Kitchen Restaurant', 이 식당에서는 석유나 가스, 전기같이 우리가 즐겨 쓰는 화석연료를 쓰지 않는다. 오직 뜨거운 태양에너지를 태양광조리기에 모아 음식을 익힌다. 대개 태양열이라고 하면 태양광 패널로 햇빛 에너지를 모아 이것을 전기 에너지로 바꾸어 활용하지만 이 식당에서는 이런 장치 없이 오직 태양광조리기에 뜨거운 태양열을 모아서 음식을 맛있게 익힌다.

태양의 요리를 하기 위해서는 먼저 준비물이 필요하다. 강한 햇볕에 피부를 보호하기 위한 자외선 차단제를 듬뿍 바르고, 눈을 보호하는 선글라스도 껴야 한다. 그리고 태양이 도는 방향에 따라 태양광 조리기를 움직여가며 요리한다. 이런 독특한 요리를 탄생시킨 사람은 핀란드 요리 전문가인 안토 멜라스니에미와 디자이너 마르티 귀세, 이들이 태양의 요리를 생각한 것은 화석연료를 쓰지 않고 자연에너지로 만든 독특하고 맛있는 요리를 사람들에게 선보이기 위해서이다.

라핀 쿨타 솔라 키친은 짧게는 하루, 혹은 한 달 동안 나타났다 사라진다. 우리가 아는 식당들처럼 고정적인 자리가 없다. 이들은 핀란드 곳곳과 유럽을 중심으로 여행하면서 야외 식당을 연다. 영업시간은 정오부터 해가 지기 전까지이다. 팝업 레스토랑Pop-up Restaurant이란 오랜 기간 열지 않고 짧게는 하루, 일주일 또는 한 달가량 새로운 장소에 문을 여는 식당을 말한다. 요리사는 신선한 메뉴를 짧은 기간 동안 손님들에게 선보일 수 있고, 손님들은 새로운 메뉴로 색다른 분위기를 즐길 수 있다.

하늘을 올려다보고 날씨와 햇빛 상태에 따라 그날의 메뉴를 정하고, 재료는 그 지역에서 구할 수 있는 유기농 재료를 쓴다. 좋은 재료를 태양으로 익히는 이 요리는 재료 본래의 맛이 살아 있고, 일반 화기에서 요리한 것과는 풍미가 달라서 손님들도 무척 좋아한다. 음식 맛의 비결은 바로 뜨거운 불맛, 바로 태양의 맛이다. 그래서 가는 곳마다 사람들로 붐빈다.

라핀 쿨타 솔라 키친 레스토랑은 태양이 있는 곳이라면 어디서든 테이블과 의자를 펴고 손님을 만날 수 있어 공간의 제약이 없다. 태양만 떠 있으면 춥고 눈 내린 지역에서도 요리를 할 수 있다. 그 지역에서 나는 재료로 요리하기 때문에 먼 거리에서 식자재를 가지고 오는 데 필요한 에너지도 줄여준다. 또 손님들에게 새로운 태양의 맛과 즐거움을 주고 대안에너지와 환경의 소중함도 알게 해준다. 가정에서도 이 태양광 조리기를 쓰면 요리하는 데 드는 가정연료의 30~50%를 절약할 수 있다고 한다. 아침부터 저녁까지 태양은 어디에서나 우리 머리 위에 늘 강렬하게 떠 있기 때문이다.

태양의 힘은 무궁무진!

우리말로 해라고 하는 태양은 태양계 중심에 있다. 태양太陽이란 한자어는 음양陰陽(물과 불, 그늘과 볕, 차가움과 뜨거움 등) 가운데 가장 큰太 양陽이라는 뜻이다. 선사시대 사람들은 태양을 신으로 숭배했고, 고대 이집트의 신화에서 파라오는 태양신의 아들로 여겼다. 동아시아의 문화에서 태양은 임금을 상징했고, 고구려에서는 태양에게 제사를 지냈다. 일상생활의 기준이 되는 태양력도 태양과 달을 기준으로 만들어졌다.

태양은 지구의 날씨와 기후, 계절을 만들고, 고위도 지방 밤하늘에선 신기한 오로라를 만들기도 한다. 태양에너지는 식물이 광합성을 할 수 있게 만들고, 동물을 비롯한 거의 모든 지구상 생명체들이 생존할 수 있게 해준다. 햇빛은 지표면을 데우고 태양 전지를 통해 전기로 바뀌기도 한다. 최근 들어 석유와 석탄, 천연가스 같은 화석연료가 고갈 위기를 맞으면서 태양은 새로운 에너지원으로 떠오르고, 세계 곳곳에서는 다양한 실험이 이어지고 있다.

2015년 3월 9일, 태양의 힘으로 하늘을 나는 태양광 비행기가 세계 일주에 나섰다. 태양광 비행기 프로젝트 재단인 솔라 임펄스[Si]를 공동 창립한 스위스 출신 베르트랑 피카르 회장과 안드레 보스버그 최고경영자는 직접 만든 태양광 비행기를 타고 아랍에미리트 아부다비를 출발하여 505일 만에 세계 일주에 성공했다. 다른 연료 없이 오직 태양에너지만으로 태평양과 대서양을 건너 인도와 중국, 미국을 거쳐 전 세계 35,000㎞를 비행했다.

태양광 충전으로 나는 태양광 비행기는 날개 길이가 72m로, 보잉747 비행기보다 길다. 이 날개에 약 17,000개나 되는 태양광 패널을 달았고, 최대 시속 140㎞까지 날 수 있지만 연료 소모를 줄이기 위해 절반 속도로 비행한다고 한다. 우리도 멀지 않은 미래에 탄소를 배출하지 않는 태양광 비행기를 타고 여행할 수 있지 않을까?

네덜란드에는 전기를 생산하는 태양광 자전거도로가 있다. 네덜란드 노르트홀란드 주 크롬메니에 있는 자전거도로는 자전거가 시원하게 내달릴 뿐 아니라 전기도 생산하고 있다. 태양광 자전거도로는 콘크리트 바닥에 태양열을 모으는 실리콘 태양전지 모듈(1.5m×2.5m 크기)을 설치한 뒤, 트럭이 지나가도 끄떡없을 정도로 매우 강한 강화유리판을 덮었다. 이 도로에서 생산한 전기는 가로등과 교통신호, 가정용으로 활용한다고 한다. 태양광 패널을 지붕 위에 설치하는 발전방식보다는 에너지 생산이 30%가량 낮지만, 지붕보다 훨씬 넓은 면적에 설치할 수 있어 더 많은 전기를 생산하게 될 것이라고 한다.

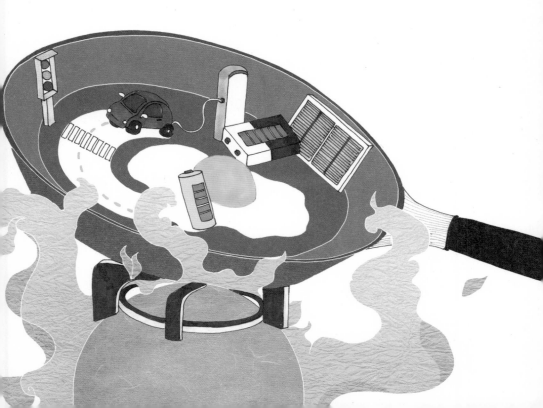

경기도 수원시 팔달구 중부대로에는 친환경 버스승강장이 있다. 버스승강장은 버스 도착 예보를 하고 밤에는 전등을 켜기 위해 전기가 필요하다. 이렇게 승강장에 필요한 전기를 버스승강장 지붕에 설치된 태양광 모듈에서 생산하고, 작은 풍력발전기에서 생산한 전기는 승객들이 버스를 기다리는 동안 휴대전화 충전을 할 수 있게 해준다. 실시간 뉴스와 교통정보를 전하는 터치스크린도 있고, 승강장 바닥에는 밟는 힘을 불빛으로 표현하는 '인터렉션 풋 라이팅'도 설치되어 버스정류장에서 다양한 에너지를 경험할 수 있다.

우리 집 햇빛발전과 에너지협동조합

햇빛을 이용하면 우리 집에서도 전기를 생산할 수 있다. 베란다에 미니 태양광(가로 120㎝, 세로 30㎝ 크기의 직사각형 패널)만 설치하면 우리 집은 멋진 햇빛발전소로 변신한다. 햇빛이 잘 드는 베란다나 벽체에 태양광 패널 거치대를 설치하고 햇볕이 잘 드는 각도에 맞춰서 패널을 고정시키고, 인버터와 전선을 연결하여 콘센트에 꽂으면 끝! 설치방법도 그리 복잡하지 않다. 인버터는 전기를 직류에서 교류로 바꾸어주는 장치인데, 전지판에서 생산한 직류 전기를 우리가 쓰는 교류로 바꾸어준다.

50W 태양광 패널 5개를 설치하면 250W 용량이 되는데, 이렇게 하면 한 달 평균 15~20kWh 전기를 생산할 수 있어 일반 냉장고나 김치냉장고를 한 달 동안 작동시키는 정도의 전기를 생산할 수 있다. 너른 공간이 있어서 더

많은 태양광 패널을 설치하면 그만큼 많은 전기를 생산할 수 있다. 볕이 잘 드는 날 전기를 많이 생산하면 남은 전기는 우리 집과 변압기가 연결된 전선으로 다시 흘러들어가서 계량기가 거꾸로 돌게 된다. 가정마다 햇빛이 비추는 조건과 전기 사용량이 서로 다르지만 미니태양광을 설치하면 연간 최대 12~15만 원까지 전기요금을 줄일 수 있다.

미니태양광은 설치와 해체가 비교적 간단해서 이사를 갈 때 가져갈 수 있다. 서울시와 인천시, 수원시, 안산시, 안양시 등 여러 지자체에서 미니태양광 보급사업을 하고 설치 보조금을 지원해주고 있다. 그러나 집에서 태양광 전기를 생산할 수 있게 되어 안심하고 전기를 펑펑 쓰면 태양광발전을 하는 의미가 없어진다. 에너지 자립을 100% 이룬 것이 아니라 전기소비량의 일부만 생산하는 것이기 때문에 당연히 에너지 절약도 함께해야 한다.

혼자가 아니라 여럿이 모여 발전소를 세운 사람들도 있다. 2011년 일본 후쿠시마 원자력발전소 사고를 지켜보면서 에너지문제와 원자력발전의 위험성을 실감한 사람들이 모였다. 지금까지 우리는 정부에서 공급하는 전기 에너지를 열심히 쓰고 전기요금을 꼬박꼬박 내는 것으로 만족했다. 그러나 우리가 쓰는 전기가 위험한 방사능을 내뿜고 독성이 백만 년이나 지속되는 핵폐기물을 남긴다는 것, 한국전력과 연결된 중앙집중식 전기 공급에도 문제가 있다는 것을 알게 되었다.

그렇다면 우리가 쓰는 에너지를 우리 마을에서 직접 생산하고 에너지 절약운동을 벌여보는 것은 어떨까? 집에서 소규모로 전기를 생산하는 정도에 그치지 않고 조합원을 모아 협동조합을 만들고 햇빛발전소를 세우는 건 어떨까? '태양과바람에너지협동조합'은 이렇게 만들어졌다. 이 협동조합에서 세운 햇빛발전소는 서울시 은평구 수색동 은평 공영차고지 옥상에 1호기와 2호기가 자리 잡고 있다. 에너지협동조합은 시민들이 조합원이 되어 출자를 하고 이 출자금을 모아서 공공건물이나 공공부지에 햇빛발전소를 설치하는 것이다. 이 햇빛발전소에서 생산한 전기를 한국전력에 판매하면 수익이 나오는데, 이 수익은 조합원에게 배당하고 있다. 깨끗한 에너지를 생산하고 돈도 벌 수 있는 새로운 방식이다.

'태양과바람에너지협동조합'이 세운 햇빛발전소는 50kW 용량인데, 이것은 18~20가구가 쓸 수 있는 전기 양이다. 발전량과 수익은 달마다 인터넷에 공개하고 있어 누구나 볼 수 있다. 이외에도 서울시민햇빛협동조합, 둥근햇빛발전(원불교 운영), 한살림햇빛발전 등 여러 햇빛발전소가 있는데, 공공기관이나 학교 같은 공공건물, 공장, 물류센터, 종교시설 등 다양한 건물의 옥상에 햇빛발전소가 들어서 있다. 건물을 소유하지 않은 협동조합은 공공건물이나 학교 옥상을 임대해서 발전소를 세우고 건물주에게 임대료를 지불하고 있다. 공간 대여는 10년 이상 장기 계약을 맺는다. 빈 공간을 활용하여 깨끗하고 안전한 에너지를 생산하는 일석이조 방식으로 운영하고 있다. 에너지협동조합은 에너지 절약 활동도 하고 있는데, 에너지 진단과 에너지 컨설팅 프로그램 등 가정과 마을에서 할 수 있는 다양한 절약법도 알려주고 있다.

★ 해바라기 식당

핀란드에 '라핀 쿨타 솔라 키친'이 있다면 우리나라엔 태양으로 요리하는 '해바라기 식당'이 있다. 2011년 일본 후쿠시마 원자력발전소 사고를 보면서 우리가 쓰는 전기가 어떻게 만들어지고, 핵 발전이 얼마나 위험한지를 깨닫게 된 충북 지역 사람들이 모였다. 평범한 직장인인 이들은 2012년 청주탈핵학교에서 에너지 공부를 하면서 의기투합했다.

태양열 조리기로 요리하는 해바라기 식당은 채식과 로컬푸드를 지향한다. 이 모든 식재료는 건강한 유기농산물을 써서 재료 본래의 맛을 살리는 태양의 요리를 만들어낸다. 볕이 좋은 날 에너지 관련 행사나 환경 행사장에서 식당을 열고 있다. 해바라기 식당은 '핵 없는 세상을 만드는 충북 사람들'에서 예약제로 운영하고, 수익금은 탈핵운동기금이나 태양열 조리기를 사는 데 쓴다.

(핵 없는 세상을 만드는 충북사람들 cafe.daum.net/talhack-cj)

✳ 햇빛발전에 대해 더 알고 싶다면!

마이크로발전소 www.microps.co.kr

미니 태양광 패널을 판매하고 설치해주는 기업. 가정에 설치하는 태양광 패널에 대한 정보를 얻을 수 있다.

서울시민햇빛발전협동조합 solarcoop.kr/solarhouse

초등학교와 소방서, 세종문화회관 같은 서울의 공공시설이나 공공부지에 태양광발전소를 세워 전기를 생산하고 에너지 절약에 관한 다양한 활동도 하고 있다.

태양과바람에너지협동조합 cafe.daum.net/energy-coop

서울 은평구에서 협동조합 방식으로 태양광발전소를 설치하여 햇빛발전을 하고 에너지 절약을 위해 노력하고 있다.

◉ 함께 읽으면 더 좋은 책

《태양과 바람을 경작하다》 이유진 지음 / 이후

《태양도시》 정혜진 지음 / 그물코

어느 날,
자동차가 모두 사라졌다

좁은 골목길에 자동차가 달려왔다. 나는 담벼락에 바짝 기대어 서서 자동차가 지나갈 수 있도록 비켜줬다. 자동차는 내 양보가 당연하다는 듯 감사인사도 없이 먼지를 일으키며 '쌩'하니 달려갔다. 왜 걷는 사람은 항상 자동차에게 양보를 해야 하는 걸까? 이런 규칙은 누가 만든 것일까? 내가 골목길에 먼저 접어들어 한참 걷고 있었는데 말이다.

중학교가 있는 우리 동네 골목길은 아침마다 북새통이다. 걸어서 등교하는 아이들과 아이들이 탄 자전거, 반대편 지하철역을 향해 돌진하는 출근길 직장인들, 그 사이를 지나가는 자동차까지 한데 뒤엉켜버리곤 한다. 더구나 골목길 양쪽에는 주차한 차들까지 버티고 있어 사람 피하랴, 자전거 피하랴

뱅글뱅글 머리가 어지럽다. 보행자는 아슬아슬하게 걸으며, 운전자는 곡예 운전을 하며 저마다 목적지를 향해 달려간다. 과연 골목길의 주인은 누구일까? 이런 골목길에서 자동차가 사라지면 어떤 일이 벌어질까?

2013년 9월 수원시 행궁동에선 지금까지 누구도 상상하지 못한 일이 벌어졌다. 골목길에서 자동차가 모두 사라져버렸다. 그것도 한 달 동안이나 말이다. 처음 이 이야기를 들은 사람들은 반신반의 고개를 갸웃거렸다. 그게 가능한 일이냐고 말이다. 그러나 8월 31일 밤이 되자 골목길에 서 있던 자동차들이 하나둘 마을을 빠져나가 정해진 주차장으로 줄지어 이동했다. 행궁동(행정동인 행궁동에는 여러 동이 있고, 이 중 행사 지역은 신풍동과 장안동)은 면적 0.34㎢에 4,300여 명(2,200세대)이 살고 마을에 등록된 차는 약 1,500대나 된다. 이 많은 차들이 꼬리에 꼬리를 물고 이동하는 모습은 보기 드문 장관을 이루었다.

어떻게 이런 일이 가능했을까? 그것은 화석연료가 사라지고 친환경 이동수단이 도시를 누비는 미래도시를 미리 체험해보고, 환경과 에너지에 대해 생각하는 '생태교통 수원 2013' 행사를 열었기 때문이다. 자동차가 사라진 골목길에선 과연 어떤 일이 벌어졌을까?

이웃이 생겼어요!

"우리 동네 골목길이 이렇게 넓었단 말이야?"

사람들은 휑하니 넓어진 골목을 바라보며 즐거운 감탄사를 터트렸다. 눈에 띄는 가장 큰 변화는 골목길이 넓어졌다는 것이다. 걷는 사람은 좁은 골목길 양쪽에 아슬아슬 주차한 차들과 먼지를 일으키고 빗물을 튕기며 '쌔앵' 지나가는 자동차 때문에 연신 좌우를 살피며 걸어야 했다. 그런 자동차들이 사라지니 골목길은 안전하고 평화로운 곳이 되었다. 더불어 조용하고 깨끗해졌다. 자동차 소음과 매연도 사라졌으니 말이다.

동네 사람들이 하나둘 골목길로 걸어 나왔다. 골목길을 마당 삼아 나와 앉았다. 그동안 이웃의 얼굴도 모른 채 살았던 사람들이 두런두런 이야기를 나누며 관심을 보였다. 어떤 이들은 의자와 테이블을 내놓았다. 이웃들과 둘러앉아 차를 마시고, 막걸리와 갓 구운 고소한 부침개를 나눠 먹기 시작했다. 지나가던 사람들도 하나둘 끼어들어 두어 명이 시작한 모임은 금세 열댓 명으로 늘어났다. 이렇게 가볍게 시작한 모임은 밤새 끝날 것 같지 않은 이야기꽃을 피웠다.

동네 청년들은 짝을 이루어 배드민턴을 쳤다. 아무 장애물도 없는 너른 길에서 배드민턴 라켓을 힘껏 쳐 올렸다. 아이들은 골목길을 도화지 삼아 그림을 그렸다. 알록달록 여러 가지 색깔 분필로 화사한 그림을 그리고 또박또박 글씨를 썼다. 아기 엄마들은 유모차를 끌고 골목길로 나오고 이제 막 걸음마를 시작한 아이들도 자동차의 위험이 사라진 골목길을 마음 놓고 누볐다. 걸음이 느린 할머니와 휠체어를 탄 장애인들도 이곳에선 두려움이 없다.

이 거리의 소문을 듣고 찾아오는 사람들이 늘면서 골목길에 자리한 가게는 사람들로 북적댔다. 손님들이 동네로 찾아오자 빗자루와 쓰레받기를 들고 나와 골목을 쓸고 쓰레기를 담는 사람들이 생겼다. 집 안에서 키우던 화분을 골목길에 내놓은 집도 있었다. 예쁜 꽃들을 혼자 감상하는 것보다 이웃들과 나누고 싶은 것이다. 잘 자란 꽃들 덕분에 골목길은 한결 화사해졌다.

　다른 집에서는 담벼락을 말끔하게 페인트칠하고 화사한 그림을 그려 넣었다. 그림은 동네에서 활동하는 젊은 미술작가들과 학생들이 도와주었다. 이왕이면 예쁜 꽃들과 그림을 편히 앉아서 감상하라는 뜻에서 긴 의자를 내놓은 집도 있었다. 지나가는 사람 누구나 아픈 다리 쉬어 가라는 뜻이기도 했다. 골목은 점점 깔끔해지고 산뜻해졌다. 그리고 여러 사람의 아이디어와 이웃들의 정겨운 이야기가 더해지고 더해져 아기자기하고 분위기 있는 마을로 변해갔다.

길은 누구에게나 평등하다

　자동차가 점령했던 골목에는 새로운 이동수단이 등장했다. 자전거 택시와 문어발 자전거, 자전거 버스같이 우리나라에선 처음 선보이는 자전거들이 총출동했다. 전기충전으로 이동하는 세그웨이와 모비, 전기 오토바이, 자전거와 유모차가 결합된 트레일러같이 이산화탄소를 배출하지 않는 친환경 이동수단들도 매력을 뽐냈다. 또 짐을 옮기거나 어르신들의 이동을 돕기 위해 짐칸이 달린 친환경 전기차들도 정해진 노선을 따라 운행했다. 마을 사람들은 이런 친환경 이동수단을 이용하거나 버스정류장까지 걸어가서 대중교통을 타고 각자 볼일을 보러 갔다.

　이렇게 골목이 달라지고 걷는 사람들로 들썩이자 고민에 빠진 곳들도 생겨났다. 팔달산 아래 음기가 강한 수원시 행궁동에는 유난히 점집이 많다. 그런데 동네가 밝아지자 무당들은 점괘가 잘 잡히지 않는다고 하소연을 늘어놓았다.

　한 달 동안 이어진 행사가 끝났다. 기다렸다는 듯 골목길에 다시 자동차들이 달리고 집 앞에 주차를 했다. 골목길 풍경은 이내 예전 모습으로 돌아왔다. 그런데 동네 사람들의 생각이 바뀌었다.

　"골목에 차가 들어오니 가슴이 답답하네."

　"우리 골목길이 너무 좁아졌어."

　그동안 우리가 당연하게 생각했던 것, 잊고 살았던 걷는 자들의 권리를 깨닫게 되었다. 또 도시를 달리는 차들이 너무도 빨리 달린다는 것을 깨달았다. 마치 이곳이 고속도로인 것처럼 말이다. 교통약자에 대해서도 생각하게 되었다. 어린이와 장애인, 노인들처럼 재빠르게 자동차를 피할 수 없는 이들을 배려하게 되었다.

사람들이 꾸준히 마을을 찾아오자 식당과 커피숍, 액세서리 가게같이 사람들의 이동량이 많은 곳에 들어서는 가게들이 생겨났다. 젊은 부부들은 이 흥미롭고 들썩들썩한 행궁동으로 이사 오고, 많은 이들이 살고 싶어 하는 마을로 변해갔다.

생태교통, 편리한 이동과 환경을 생각하다

1900년 초기, 전 세계를 달리는 자동차는 5만 대를 넘지 않았다. 그러나 100년이 지난 2000년에는 무려 만 배가 훨씬 넘는 7억 대가 넘는 차들이 내달렸다. 자동차의 속도만큼이나 자동차의 생산 역시 가속도를 밟으며 맹렬하게 달려온 것이다. 1980년대까지만 해도 우리나라 사람들은 자동차를 업무 관련된 용도로 쓰고, 몇몇 부유층에서나 소유하는 특별한 것으로 생각했다. 1990년대 들면서 자동차 소유가 유행처럼 번졌고 지금은 당연히 소유해야 하는 필수품이라 여기게 되었다.

2014년 12월 말 국토교통부에 따르면 우리나라 자동차 누적 등록대수는 2,011만 7,955대로 늘어났다. 더 빨리, 더 먼 곳으로 떠나고 싶은 욕구가 늘고, 덩달아 석유소비량도 늘고 도로도 점점 늘어나고 있다. 그러나 지나침은 곧 탈이 나는 법, 전 세계를 운행하는 자동차는 석유와 천연가스를 연료로 쓰는데 이 화석연료는 고갈 위기를 맞고 있다. 자동차가 내뿜는 이산화탄소는 기후변화에 가장 큰 원인이 되고 있으며, 미세먼지 역시 심각하다. 편리함과 속도를 즐기는 대신 우리는 불안한 미래를 선물받은 셈이다. 그러자 이 문제를 극복하기 위해 생태교통이라는 새로운 흐름이 등장했다.

생태교통Eco Mobility은 환경적으로 지속가능한 모든 '이동'의 형태를 통합한 것으로, 자가용을 사용하지 않고 무동력 수단(걷기, 자전거 등)이나 대중교통을 이용해 이동하는 것을 말한다. 걷기와 자전거, 수레와 같은 무동력 이동수단, 버스와 택시, 기차 같은 대중교통 수단, 전기 자동차, 전기 오토바이 같은 친환경 전기동력 수단, 그리고 이들을 연계한 환경적, 사회적으로 바람직한 지역교통 체계를 뜻한다. 예를 들면 집에서 지하철역까지는 자전거를 타고 이동하고, 다시 지하철을 갈아탄 뒤 회사로 출근하는 것이다. 또 가까운 거리를 이동할 때는 걷거나 자전거를 타고, 장거리를 이동할 때는 기차나 버스 같은 대중교통을 타는 것이다. 짐이 많아서 자가용이 필요할 때는 카셰어링(자동차 공유)을 이용한다.

이 생태교통은 화석연료 고갈 시대를 대비하고 기후변화의 위기를 극복하기 위한 환경 친화적인 교통체계를 의미한다. 기후변화의 원인이 되는 온실가스와 오염물질의 배출을 줄이고, 에너지 소비를 줄이는 것뿐 아니라 장애인, 노약자, 어린이, 빈민 등 어느 계층도 소외받지 않는 평등한 교통을 지향한다. 생태교통은 이클레이ICLEI(지속가능성을 위한 세계지방정부)의 전 사무총장인 콘라드 오토-짐머만이 2007년 처음 제안한 용어이다. 교통체증과 대기오염 같은 문제로 골머리를 앓아온 세계의 여러 도시들, 덴마크 코펜하겐, 독일 프라이부르크, 브라질 꾸리찌바, 콜롬비아 보고타, 미국 샌프란시스코 등 많은 도시들이 생태교통 체계를 만들어가고 있다.

자동차는 무척 편리하다. 자동차의 발달로 우리 생활은 급속하게 달라졌다. 그러나 자동차가 기하급수적으로 늘면서 새로운 도로가 완공되자마자 교통체증에 시달리고, 출퇴근길의 자동차 속도는 17세기 마차 속도만큼이나 느려졌다. 더불어 주차장은 포화상태이고 매연과 미세먼지도 심해지고 교통사고도 늘어만 간다. 가까운 거리에 볼일을 보러 갈 때도 자동차의 시동부터 걸고 있는가? 도로 위를 시원하게 내달리는 자가용을 보면 신차로 바꾸고 싶은 욕망이 꿈틀거리는가? 도로는 자동차가 주인이라는 생각에 걷는 사람에게 무례하게 대하지는 않았는가?

길은 본래 걷는 사람을 위한 공간이다. 그런데 자동차가 늘어나면서 자동차 중심으로 빠르게 변했고, 신호등과 횡단보도, 육교 등 보행자들은 자동차들이 빨리 달릴 수 있도록 양보하고 불편을 감수해야만 했다. 이런 자동차와 도로 중심의 교통체계는 이제 두 발로 부지런히 걸어가는 사람에게 더욱 편안하고 쾌적하게 달라져야 한다. 길은 본래 걷는 사람을 위해 생겨났기 때문이다.

도시인들의 똑똑한 운전법

1. 시속 60~80㎞, 자동차의 경제속도를 지킨다. 시속 100㎞로 달리면 연료 20%, 130㎞일 땐 50% 가량을 더 소비한다.

2. 급제동, 급출발을 하지 않으면 연료를 적어도 10% 아낄 수 있다. 급출발 10회에는 300cc, 급제동은 완만한 제동보다 2배 이상 연료가 소모된다.

3. 5분 동안 공회전을 하면 1㎞ 이상 주행할 수 있는 연료가 낭비된다. 3분 이상 정차할 때는 시동을 끄자.

4. 타이어 공기압이 10% 부족한 상태로 운전하면 연료소비가 1% 정도 증가한다. 한 달에 1번 이상 타이어 공기압을 확인하자.

5. 주행 중에는 에어컨 사용을 줄인다.

6. 트렁크를 비우자. 불필요한 짐 30㎏을 싣고 50㎞를 주행하면 연료 50cc를 낭비한다.

7. 외출하기 전 미리 길을 파악하면 불필요한 에너지 사용도 막고 시간도 절약!

8. 주기적으로 차량을 점검, 정비하면 에너지 절약과 안전 두 가지를 한꺼번에 잡을 수 있다.

9. 1가구당 일주일에 한 번 자동차를 몰지 않으면 연간 126만8000toe를 줄일 수 있다.

— '엄마는 에너지 매니저', 에너지시민연대 자료집

◉ 함께 읽으면 더 좋은 책
《꾸리찌바 에필로그》 박용남 지음 / 서해문집
《마을의 귀환》 오마이뉴스 특별취재팀 지음 / 오마이북
《프라이부르크의 마치즈쿠리》 무라카미 아쓰시 지음 / 한울아카데미

더 알아보기

새로운 교통시대가
열리는 중!

해마다 12월 31일 오후 5시부터 다음 날 정오까지 프랑스의 파리 시내 모든 대중교통은 무료다. 지하철은 밤새 파티를 즐기는 사람들을 부지런히 실어 나른다. 이것은 시민들이 연말파티를 흥겹게 즐길 수 있도록 파리교통공사가 제공하는 매우 특별한 서비스다. 파리 시는 또 다른 이유로 대중교통 무료 정책을 폈다. 2014년 3월 파리 시내와 주변지역에 며칠째 대기오염 경보가 발령되자 공기 정화를 위해서 사흘 동안 대중교통을 무료로 운행했다. 대중교통을 보다 많이 이용하면 자동차 운행을 줄이고 그만큼 탁한 공기가 나아질 수 있기 때문이다.

프랑스 남부 도시 오바뉴 시내를 달리는 모든 버스노선은 무료다. 교통비 부담이 없어지자 사람들은 더 자주 외출했고, 다른 도시들과의 교류도 더욱 활발해졌다. 인근 도시에서 부러움을 사면서 도시 인구도 늘어났다. 오바뉴의 대중교통 운영비는 9인 이상의 직원을 가진 기업주들이 내는 교통세로 충당한다. 버스 승객의 55%는 학교나 직장에 가기 위해 버스를 타는 사람들이고 25세 이하의 승객은 전체의 50%이다. 기업들은 회사 직원들과 미래의 직원들이 대중교통을 이용하기 때문에 세금에 대한 불만은 없다고 한다. 또 매표와 검표를 위한 시스템, 이것을 관리하는 인건비도 들지 않으니 대중교통 운영비용도 줄어들었다. 승객들은 느긋해지고 버스 기사들도 스트레스를 덜 받아 서로가 좋아졌다고 한다.

프랑스뿐 아니라 벨기에와 스페인에서도 무료 버스에 관심을 보이고 있다. 대중교통을 무료로 운행하는 것은 '이동의 권리에 대한 보장'이고, 자동차를 타는 사람들이 줄어 매연과 미세먼지가 줄어들고 환경 개선에도 도움이 되기 때문이다. 버스요금을 걱정할 필요가 없어지자 사람들의 이동량이 늘어나고, 가게는 매출이 늘었다. 시장이 활성화되니 자연히 지역경제도 살아났다.

아름다운 섬이 많은 전남 신안군에서는 버스공영제를 시행하고 있다. 2007년부터 2013년까지 신안군은 14개 업체가 운영하던 군내버스 22대를 모두 사들이고, 버스 노선을 32개에서 44개로 늘리고 운행 버스도 38대로 늘렸다. 버스요금은 2,000원에서 1,000원으로 낮췄는데, 65세 이상 어르신의 버스요금은 무료다. 2006년 신안군의 버스는 모두 20만 명이 이용했는데, 2013년에는 68만 5,000명으로 대폭 늘었다. 이 중 53만 명(77.4%)이 무료 이용자다. 따지고 보면 신안군의 버스는 무상버스인 것이다. 버스가 갈 수 없는 마을 주민들에게는 1명당 매달 택시 쿠폰 8장을 나눠준다. 주민 4명이 쿠폰 8장씩을 모으면 날마다 공짜택시를 탈 수 있다.

신안군이 버스공영제를 운행한 뒤로는 불규칙 배차와 잦은 결행, 운행 중단 같은 문제도 사라졌다. 버스공영제 이후 안정적인 일자리를 갖게 된 버스기사들도 서비스를 높이려고 애쓴다. 걸음이 느린 어르신들이 버스에서 느릿느릿 내려도 재촉하지 않는다. 차량 수리는 지역 정비업소에 맡겨 비용을 줄이면서 예산도 줄였다.

도시의 거리에서도 새로운 변화가 시작되었다. 2014년 1월 서울 신촌의 연세로는 대중교통과 보행자만 다닐 수 있는 대중교통 전용지구로 바뀌었다. 1990년대 신촌은 서울을 대표하는 문화거리였는데, 복잡한 거리에 걷기도 불편하고 교통체증도 늘면서 상권은 점

점 위축되었다. 그러자 서울시는 도로와 보도블럭을 말끔하게 정비하고, 예술가와 젊은
이 등 누구나 찾아와 노래하고 공연할 수 있도록 공간도 비워두었다. 주중에는 버스가 달
리지만 주말에는 차도를 아예 막고 '걷는 자들의 천국'을 만든다.

이 너른 길에서 아티스트들이 들썩들썩 흥겨운 거리공연을 펼친다. 하루 종일 차들이 뿜
어대는 매연 때문에 갑갑했던 공기도 조금씩 나아지고, 무엇보다도 걷는 사람들이 더욱
안전해졌다. 그러자 입소문을 타고 사람들이 찾아들면서 주변 상권도 살아나기 시작했
다. 2008년 대구시 중앙로에는 서울 신촌보다 앞서 '대중교통 전용지구 조성사업'을 시작
하여 교통체증을 없애고 거리를 깔끔하게 꾸몄다. 그러자 바로 옆에 있는 대구의 최대 상
권인 동성로가 다시 살아났다.

자동차 운행은 편리하지만 적지 않은 관리비가 든다. 좁은 골목길에서 주차문제도 골치
아프다. 그렇다면 자가용을 필요할 때만 사용할 순 없을까? 이제 이런 고민은 접어라. '카
셰어링Car Sharing(자동차 공유)'이 있기 때문이다.

카셰어링은 자동차를 각자 소유하지 않고 공동으로 소유하면서 필요할 때마다 가까운 차
고지에서 빌려 필요한 시간만큼 사용하고 요금을 지불하는 합리적인 제도이다. 자동차를
소유하면서 생기는 주차요금과 수리비, 보험료 같은 부담을 줄일 수 있고, 도시 전체로 보
면 자동차 보유대수가 줄면서 교통체증이 줄고 주차공간이 늘어나고 매연과 미세먼지, 이
산화탄소 배출량도 줄이는 효과가 있다.

카셰어링은 렌터카와 비슷하지만 좀 다르다. 렌터카는 24시간을 기본단위로 하고 기름값
과 보험료를 직접 부담해야 하지만, 카셰어링은 회원제로 운영하고 사용한 시간만큼 지불

에너지 소비자에서
에너지 생산자로

하기 때문에 부담이 적다. 카셰어링 회원으로 가입하고 인터넷이나 앱으로 사용시간을 예약한 뒤, 가까운 차고지에서 회원카드를 이용해 차를 빌릴 수 있다. 서울시의 나눔카(제휴업체는 그린카, 쏘카), 수원시 나누미카, 코레일도 기차와 카셰어링 서비스를 연계하고 있다.

✳ 그린카 www.greencar.co.kr
   쏘카 www.socar.kr

지구인의 도시 사용법

03

도시에서
생태적으로
사는 법

채소꾸러미,
도시와 농촌의 밥상공동체

'죽었겠지?'

지방출장을 다녀온 며칠 동안 개수대는 바싹 말라 있다. 개수대 한가운데 작은 달팽이가 붙어 있다. 이미 죽고 빈껍데기겠지? 달팽이집을 살짝 건드렸다. 그런데 느릿느릿 움직이기 시작했다. 오호라! 개수대에는 물기 하나 없고 먹을거리도 없었는데 어떻게 살았을까? 생명이란 참 놀랍고도 신기하다.

우리 집에 새 식구가 생겼다. 애완 달팽이가 생겼다. 이 녀석의 특기는 벽 타기! 설거지를 하다가 둘러보면 어느새 타일 벽을 타고 오르고, 창틀로 기어오른다. 누가 달팽이를 느리다고 했던가? 생각보다 동작이 빨랐다. 잠깐 한눈을 팔면 순식간에 사라져버린다.

또 다른 특기는 잠자기. 하루 종일 자고 또 자고, 어둡고 그늘진 곳에서 잠을 잔다. 깨어 있는 시간보다 잠자는 시간이 길었다. 달팽이가 깰까 싶어서 요리나 설거지를 할 때마다 조심조심 움직였다. 행여나 다른 곳에 붙어 있는 걸 못 보고 다치게 하지는 않을까, 주방에 들어가면 오늘은 어디 있나 달팽이부터 찾곤 했다.

달팽이가 물기 있는 곳을 좋아할 거라 생각해서 물을 살짝 뿌려주었다. 그런데 다른 곳으로 도망가버렸다. 달팽이답지 않게 물기를 싫어했다. 주방 개수대를 중심으로 살고 있지만 마른 벽과 창틀에 가만히 붙어 있을 뿐, 좀처럼 물을 찾아 내려오지는 않았다. 참 이상한 녀석이다. 달팽이의 생태가 점점 궁금해졌다. 이 조그만 달팽이도 입맛이란 게 있는지 다양한 채소 중에서 브로콜리의 딱딱한 줄기를 가장 좋아했다. 줄기를 갉아먹고 똥도 싸놓고 오목한 그늘에 숨어 쉬기도 했다.

이 귀여운 달팽이는 과연 어디서 왔을까? 놀랍게도 택배로 온 채소꾸러미 상자 속에서 나왔다. 우리 집에는 한 달에 한 번, 싱싱한 채소꾸러미가 배달된다. 이 채소가 자라던 너른 들판에 살던 녀석이 무임승차한 채 서울 구경을 온 것이다. 채소꾸러미는 농부가 1주나 2주 혹은 한 달 일정기간에 한 번씩 직접 농사지은 농산물을 상자에 담아 도시 소비자에게 보내는 것을 말한다. 농산물을 생산하는 농부와 도시 소비자가 중간 유통과정을 거치지 않고 직거래를 하는데, 대개 택배 서비스로 배송한다. 채소꾸러미 안에는 여러 가지 채소와 과일, 반찬 몇 가지, 가공품이 들어 있고, 정성 들여 쓴 편지도 들어 있다.

반갑다, 채소꾸러미!

올해 첫 번째 꾸러미를 보냅니다.

들기름은 우리 부부가 작년에 심어 수확해둔 들깨로 읍내 방앗간에 가서 짜 왔습니다. 들깨를 좀 늦게 심어서 기름이 조금 적게 나왔습니다. 유기농 들기름은 정말 귀합니다. 국산 들깨로 짠 들기름은 많지만 유기농 들깨는 양이 매우 적어 기름 짜기가 어렵거든요.

콩나물은 쥐눈이콩으로 길렀는데, 씻어서 물에 불린 콩을 시루에 담아 물을 주었습니다. 물을 자주 주지 않으면 잔뿌리가 나오는데 지금 약간 그런 기미가 보이기도 합니다. 아침 일찍 먹고 들에 가면 점심 때 되어야 오고, 오후에도 마찬가지라서 콩나물에 물 주는 것이 쉽지 않습니다. 콩나물 자라는 속도가 느려서 채소꾸러미 보내는 것을 이틀 정도 늦췄습니다. 며칠 전에 갑자기 날씨가 추워져서 그런가 싶습니다. 아직도 콩나물 키가 작은 편이긴 한데, 오늘 담아서 보내면 배송 중에도 자라기 때문에 드시기에 적당한 정도가 될 거예요.

노지에서 월동한 삼동추(유채)와 쪽파도 넣었습니다. 올해 봄 날씨가 유난히 따뜻해서 작물의 작황을 예측하기가 힘듭니다. 삼동추는 예년보다 빠르게 꽃대가 올라오고, 봄동은 이미 꽃이 피어버렸습니다. 쪽파도 벌써 씨가 앉으려 준비하는 듯합니다. 여러 가지 채소를 농사짓다 보니 시기를 맞추기가 쉽지 않네요. 대신 쌈채소가 일찍 자랐습니다. 청쌈배추, 적쌈배추, 겨자채, 케일, 쑥갓, 청경채, 비타민을 담았습니다. 부추도 한 줌씩 보냅니다. 봄날의 첫 부추는 사위도 안 준다는 말 들어보셨어요? 그만큼 몸에 좋다는 뜻이랍니다. 추위를 이겨내느라 끝이 약간 마른 것이 있으니 이해해주세요.

저희는 '우리 식구가 먹는다'는 생각으로 농사짓습니다. 그러니 '우리 엄마가 가족을 위해 텃밭에서 가꾼 거구나' 생각하고 맛있게 드세요. 아무래도 여러 가지 작물을 가꾸다 보니 전문농가처럼 매끈하지는 않지만 텃밭에서 뜯어 먹는 나물처럼, 어머니 손맛처럼 투박하고 정겨운 밥상은 될 수 있지 않을까요? 우리가 보내는 먹을거리는 화학비료, 성장촉진제, 성장억제제, 발색제, 비대제 등은 사용하지 않고 더디면 더딘 대로, 자연이 주는 그대로 키웠습니다.

유기농산물은 우리 몸을 건강하게 하지만 우리 땅과 물도 살려서 사람과 자연이 함께 건강한 세상을 아이들에게 물려주는 의미가 더 크다고 생각합니다. 이 마음으로 올해도 열심히 농사짓고 열심히 땀 흘리겠습니다.

편지에는 농부의 마음이 몽글몽글 피어난다. 이 채소꾸러미는 경북 예천의 '우리들 농장'에서 보내온 것이다. 편지를 읽으니 농사짓는 농부의 밭과 그곳의 날씨, 콩나물시루에 물을 주고 읍내방앗간을 다녀오느라 종종걸음 치는 모습이 눈에 선하다. 또 다른 편지에는 이 농산물을 어떻게 요리하면 더 맛있고 영양가가 높은지를 알려주는 요리법도 담겨 있다. 채소꾸러미 상자에는 먹을거리뿐 아니라 농부의 정성과 염려, 감사의 마음까지 듬뿍 담겨 있다.

나는 시장과 생협에서 장을 볼 때마다 비슷한 종류만 장바구니에 담는다. 오이와 호박, 고추, 버섯, 시금치, 가지 등 내가 좋아하거나 자신 있게 만들 수 있는 음식만 요리한다. 채소꾸러미에는 민들레나 비름, 머위, 유기농마같이 지금까지 먹어본 적이 없거나 좀 낯선 채소도 담겨 있다. 이걸 어떻게 해 먹나 처음엔 당황스러웠지만 편지에 적힌 요리법이나 요리책을 따라 해보니 식감도 좋고 지금까지 맛보지 못한 새로운 맛을 경험하고 영양분도 받는 것 같아 기분이 좋다. 덕분에 내 요리세계도 조금 넓어진 기분이랄까? 나는 건강하고 맛있는 음식을 먹으며 농부와 마음을 나누고, 농촌에서는 안정적인 거래처가 있어 농사에 집중할 수 있으니 채소꾸러미는 누이 좋고 매부 좋은 일이라 할 수 있다.

도시에서 농촌을 살리는 법

꾸러미는 직거래다. 가까운 지역에서 생산한 건강한 농산물을 소비하자는 로컬푸드 운동이 일고 있는데, 이 꾸러미사업은 로컬푸드 운동을 확산시키고 생산자와 소비자를 함께 살리는 새로운 방식이라 할 수 있다. 우리나라 꾸러미사업에서 거래하는 농산물은 대개 유기농으로 재배한 것이다. 소비자는 누가 어떻게 생산한 것인지 믿고 먹을 수 있는 먹을거리를 쉽게 구할 수 있다. 생산자는 자신의 원칙을 지키면서 농사를 지을 수 있고 다양한 작물을 재배할 수도 있다.

외국에서 먼저 시작한 이 꾸러미의 본래 이름은 CSA^{Community Supported Agriculture}, 우리말로 번역하자면 '공동체 지원 농업', '도시 지원 농업'인데 도시 소비자들이 공동체를 만들어 농업을 지원한다는 의미로 농산물을 소비해주는 것이다. 농산물뿐 아니라 농기계 지원과 농지 구입, 일손 돕기까지 지원의 방식은 다양하다.

CSA는 일본 테이케이^{Teikei}(제휴) 운동에서 시작되었거나 많은 영향을 받았다고 알려져 있다. 테이케이라는 말은 소비자와 생산자 사이의 상호 파트너십을 뜻한다. 1960년대 일본에서는 수입 농산물이 늘어나고 개발사업 때문에 농지가 줄어들자 농촌의 인구도 점점 줄어들었다. 일본 테이케이는 이런 문제를 해결하고 가족에게 건강한 음식을 먹이기 위해 주부들이 농가와 직접 제휴하면서 시작되었다고 한다. 1970년대 들어 테이케이는 유기농업을 확산시키는 데 매우 중요한 역할을 했다. 이후 유럽에 알려지고 유럽을 거쳐 미국에 도입되었고, 지금은 말레이시아와 중국 같은 아시아에도 널리 퍼져 있다.

1990년 초반 우리나라에도 지역에 주목하자는 내용으로 CSA가 처음 알려졌는데 크게 주목받지 못했다. 그 후 연구자들의 논문과 언론에서 소개하기 시작했고, 2007년 무렵부터 농촌의 생산자 중심으로 꾸러미 사업을 시작했다. 2007년 경기도 이천을 비롯한 몇 곳에서 시작했는데, 2013년 말에는 전국 70여 개 이상으로 늘어났고 점점 더 확대되고 있다. 우리나라 꾸러미는 생산자들이 모여서 시작한 생산자조직 주도형이 대부분이지만, 생산자와 소비자 공동주도형, 사회적 기업주도형, 지자체와 농협주도형 등 새로운 형태로 발전하고 있다. 지자체와 정부에서도 로컬푸드 직거래 활동을 지원하려는 움직임이 있어서 앞으로 더욱 규모가 커질 것으로 보인다.

그렇다면 꾸러미 사업은 어떤 장점이 있을까? 생산자인 농민은 중간 유통과정을 거치지 않고 소비자와 직거래를 하기 때문에 좀 더 나은 이익을 얻는다. 풍년이냐, 흉년이냐에 따라서 농산물 가격이 오르락내리락 종잡을 수 없는데, 직거래를 하면 수입을 예측할 수 있어 안정적으로 농사를 지을 수 있다. 소비자의 의견을 반영하여 다양한 작물을 키우고 계획 생산을 할 수도 있고, 점점 사라져가는 토종씨앗을 보존하고 농산물의 품질을 높이고 새로운 상품을 개발할 수 있다. 또 자신이 생산한 농산물을 어떤 사람이 먹는지 알기 때문에 더욱 책임감을 갖고 농사짓고, 소비자의 반응과 감사 인사에 즐거움과 보람도 느낄 수 있다. 꾸러미 사업을 함께하는 농민들끼리 의견을 나누고 협동작업도 할 수 있고, 친환경 농업을 넓히는 데 큰 도움이 되기도 한다.

소비자는 신선하고 믿을 수 있는 농산물을 일정 기간 적당한 가격에 공급받을 수 있다. 농산물의 생산방식이나 생산자의 철학을 알기 때문에 믿고 먹을 수 있다. 농부가 계절마다 생산한 제철농산물을 골고루 챙겨 보내주기 때문에 가장 신선할 때 먹을 수 있고, 평소 먹어보지 못한 농산물도 맛볼 수 있다. 꾸러미를 통해 소식을 주고받으면서 농촌과 농부에 대한 이해도 높아진다. 좀 더 적극적인 소비자라면 생산지에 가서 일손도 돕고 농산물을 농사 짓는 과정을 보면서 보람을 느낄 수도 있다.

도시와 농촌은 밥상공동체로 연결되어 있다. 먹을거리를 나누는 것은 생명을 나누는 것이다. 달마다 받는 꾸러미를 통해서 생산자와 소비자의 몸이 함께 건강해지고 마음도 풍요로워질 수 있다. 도시에서 농촌을 살리는 법, 건강한 농산물을 생산하면서 우리 땅을 굳건하게 지킬 수 있도록 농부에게 힘을 주자.

✽ 채소꾸러미를 받을 수 있는 곳
괴산 감물느티나무장터 cafe.daum.net/gammuljang
시골맛 보따리 cafe.daum.net/sigolmat
언니네 텃밭 www.sistersgarden.org
완주로컬푸드 건강한 밥상 blog.naver.com/foodwanju
우리들 농장 www.ourfarms.net
콩세알 나눔마을 www.kong3al.net
흙살림 우리집 제철 꾸러미 www.heuk.or.kr

◉ 함께 읽으면 더 좋은 책
《꾸러미 가이드북》 금창영 지음 / 그물코
《내가 먹는 것이 바로 나》 허남혁 지음 / 책세상
《로컬 푸드》 브라이언 헬웨일 지음 / 이후
《먹을거리 위기와 로컬 푸드》 김종덕 지음 / 이후

비 오는 날은
부자 되는 날

"톡 톡 톡, 후두두둑."

나뭇잎 위로 빗방울이 몇 방울 떨어지는가 싶더니 이내 소나기가 쏟아졌다. 메마른 땅에 흙탕물이 튀고, 목이 마른 대지는 쏟아지는 빗물을 시원하게 들이켰다. 가뭄이 길어지면서 얼마나 애타게 기다렸던 비였던가? 이름 그대로 단비다 단비! 메마른 땅에 수돗물을 아무리 뿌려본들 갈증을 해소시키기 어렵지만 시원하게 쏟아지는 비는 금세 대지를 촉촉하게 적셔준다. 시들시들하던 식물은 고개를 바짝 치켜세우며 파릇파릇해지고 이 땅에 생명 가진 모든 것들도 생기를 되찾는다. 경제학자들은 비의 경제적 효과를 강조하곤 하지만 값으로도 매길 수 없는 것이 바로 하늘에서 내려준 소중한 비다. 이 빗물을 아주 소중하게 쓰는 집이 있다.

수원시 신풍동 조영호 할아버지 댁에는 특별한 빗물항아리가 있다. 이 항아리에는 지붕으로 떨어지는 빗물을 모은다. '우와!' 마당에 들어서자 크고 작은 수많은 화분들의 대열에 눈이 휘둥그레졌다. 조금은 낯설고 어색한 표정으로 쭈뼛거리며 대문을 들어섰다가도 활짝 핀 꽃들과 싱싱한 채소를 보고는 저절로 마음이 열리는 곳, 바로 화분 부잣집이다. 마당뿐 아니라 계단과 장독대, 2층 난간, 담장 위에까지 어김없이 화분들이 볼록한 궁둥이를 비집고 들어앉아 있다. 할아버지 댁의 화분은 무려 300개가 넘는다.

"그릇이 없어서 못 받지 우리 집에서는 마당에 떨어지는 비는 다 받아서 써. 얼마나 좋아."

화분을 정성 들여 가꾸는 것은 할아버지이지만 화분 가꾸기의 또 다른 일등공신은 빗물이다. 비 오는 날이면 할아버지네 마당에는 함지박과 세숫대야, 양철 깡통까지 물을 담을 수 있는 그릇이란 그릇은 모두 마당으로 총출동한다. 이 빗물을 모았다가 햇볕이 쨍쨍하고 목이 마른 날이면 화분에 골고루 뿌려준다. 이런 빗물 이용은 할아버지가 이 집으로 이사 오면서부터 시작했으니 벌써 20년이 넘었다.

지붕 처마에는 물받이 시설이 설치되어 있는데, 지붕에 떨어진 빗물이 물받이를 타고 내려와 장독대에 설치된 빗물항아리로 모인다. 이 빗물항아리의 밸브를 돌리면 맑은 빗물이 콸콸 쏟아진다. 조영호 할아버지가 빗물을 잘 이용한다는 것이 알려지자 수원시에서 옹기 모양으로 된 빗물항아리를 설치해주었고, 2014년 6월 환경의 날에 할아버지는 수원시 '환경의 달인'으로 선정되어 표창장도 받으셨다.

"하루라도 물을 안 주면 시들어버리니까 잠깐 볼일은 다녀오지만 이틀 여행은 못 가."

화분 때문에 조영호 할아버지는 장거리 여행을 포기하고 사신단다. 할아버지 댁의 마당에는 꽃들이 자라고, 계단과 2층에는 고추를 심은 화분들이 나란히 줄지어 자라는 고추밭이다. 작년에 이곳에서 고춧가루를 한 말이나 얻었다. 장마가 끝나면 탄저병이 오는데 장마 전에 수확한 고추를 햇볕에 말려 태양초 고춧가루를 만들었는데도 한 말이나 얻을 수 있었단다. 담장 위는 상추와 파, 가지가 자라는 채소밭이고, 지지대가 있는 장독대에는 넝쿨을 이루는 호박이 실하게 열렸다. 덕분에 할아버지와 할머니는 봄부터 가을까지는 채소를 사 먹을 일이 별로 없다.

"담장 위에 있는 화분에는 어떻게 물을 주세요?"

어른 키만큼이나 되는 담장 위에도 화분들이 놓여 있는데, 저 높은 곳에는 물을 뿌리기가 쉬울 것 같지 않다. 호기심에 여쭈었더니 말 떨어지기가 무섭게 할아버지는 마당 구석 어딘가에서 플라스틱 바가지에 긴 나무를 연결한 물바가지를 가져오셨다. 그리고 담장 위의 화분에 물을 주는 시범을 직접 보여주셨다. 아하, 이런 방법이 있었구나! 이 플라스틱 바가지도 20년 가까이 사용한 것이라서 테두리는 다 떨어지고 낡았지만 여전히 제 몫을 하고 있다. 또 다른 궁금증이 솟아난다. 수고스럽게 빗물을 모으는 것보다 수돗물을 화분에 뿌리는 것이 쉽지 않을까?

"수돗물로 이걸 다 어떻게 감당해. 나는 아끼고 절약하는 것만 잘해. 습

관이 되었어."

　편하게 살려면 수도꼭지에 호스를 연결해서 화분에 뿌리면 그만이지만 하늘에서 내려오는 공짜 빗물이 있는데 아까운 수돗물을 그렇게 낭비할 순 없다. 할아버지 세대는 절약이 곧 습관이고 생활이다. 300개가 넘는 화분은 골목에 버려진 것과 이웃집에서 얻어 온 것이 차츰 늘어났을 뿐이고 꺾꽂이와 포기 나누기, 이웃집과 함께 씨앗과 모종을 나눠 심으면서 풍성해진 것이다. 화분을 많이 가지려고 애쓴 적은 없다. 할아버지는 골목길에 버려진 수첩과 공책 같은 종이도 아까워서 주워 오고, 대문에는 언젠가 쓸모가 있을 때를 기다리는 여러 가지 노끈들이 가지런히 묶여 있다.

　아무리 빗물을 알뜰하게 모아서 쓴다지만 좁은 화분에서 자라는 식물들이 텃밭에서 자라는 것만큼이나 무성하다. 뭔가 수상하지 않은가? 특별한 비법을 알려달라고 거듭 졸랐다.

　"비법이란 게 뭐 있나? 한약재 찌꺼기를 얻어 와서 넣는 거지 뭐."

　역시 비법은 있었다. 한약방에서 한약재 찌꺼기를 얻어 와서 바짝 말렸다가 거름통에 넣고 발효시켜서 흙과 섞어서 화분에 넣는다. 그리고 거름통에는 주방에서 나오는 음식물찌꺼기도 함께 넣어서 섞어준다. 새 봄에 이 영양분 가득한 거름을 화분에 골고루 넣어주면 식물들은 어김없이 쑥쑥 잘 자란다. 빗물과 한약재 거름, 그리고 할아버지의 정성을 듬뿍 받은 식물들은 푸릇푸릇 생기가 넘친다.

빗물의 변신, 빗물 맥주와 구름 주스

지금까지 우리는 빗물이 대기 중 오염물질을 머금고 쏟아지기 때문에 더럽고 오염되었을 거라고 생각했다. 장마와 홍수 때 내리는 큰 비는 피해만 줄 뿐, 빨리 강으로 바다로 흘려보내는 것이 최선이라고 생각했다. 그래서 하수구와 냇가를 넓히고 직선으로 만드는 사업에 집중했다. 과연 그게 최선이고 전부일까? 이런 빗물에 대한 오해와 편견이 달라지고 있다.

미국 애틀랜타의 맥주양조장에서는 빗물로 맥주를 만든다. 이 맥주는 구름이 만든 순수한 빗물로만 만든 술이다. 이 양조장에서는 수직홈통 아래 커다란 물통을 놓고 빗물을 받아서 여러 가지 필터로 걸러 정화한 다음 맥주로 가공한다. 순수한 증류수인 빗물은 잘 정화시키면 수돗물보다 깨끗하다. 이렇게 만든 맥주는 한결 부드러운 맛이 난다. 하늘에서 내리는 빗물을 받기 때문에 편리하고 돈도 들지 않는다. 지하수를 깊게 파거나 먼 곳에서 물을 끌어올 필요가 없어 비용을 절약하고 환경오염도 줄일 수 있다. 이름하여 친환경 맥주!

오스트레일리아에서는 세상에서 가장 비싼 고급 생수를 판매하고 있다. 한 병에 25,000원이나 하는 고급생수의 이름은 클라우드 주스cloud juice, 이 구름 주스는 바로 빗물 생수다. 땀이 줄줄 흐르는 더운 날, 시원한 빗물 맥주 한 잔 들이켜고 구름 주스까지 더하면 기분이 날아갈 듯 상쾌해지지 않을까? 빗물의 변신은 이것으로 그치지 않는다.

수원시 차량등록사업소 건물 지하에는 18톤을 담을 수 있는 거대한 물

탱크가 있다. 지붕에 떨어진 빗물이 홈통을 따라 지하로 내려와 이 물탱크에 고인다. 이 물은 우수 이송 펌프와 우수 필터 등을 거쳐서 정화된 뒤에 화장실 변기의 물로 쓰고, 화단에 있는 나무와 잔디를 가꾸는 조경용수로 쓴다. 건물의 외부 수도에 나오는 물도 빗물을 정화한 중수인데, 빗물에는 미네랄과 다양한 영양소가 들어 있어 수돗물을 뿌릴 때보다 식물들이 더 잘 자란다.

이 건물뿐 아니라 수원시청과 동주민센터, 학교 같은 공공건물과 종합운동장, 빌딩 같은 대형 건물에도 빗물을 모으는 시설을 설치하고 있고, 가정에도 빗물저금통과 빗물항아리를 설치하는 곳이 늘어나고 있다. 대도시는 대개 큰 강을 끼고 발달하는데, 인근에 큰 강이 없거나 도시의 인구가 점점 늘어나면서 물 부족 문제를 고민하는 도시들은 빗물을 잘 이용하기 위한 노력을 기울이고 있다.

그렇다면 큰 강이 흐르고 수돗물이 시원하게 콸콸 쏟아지는 도시의 사정은 어떨까? 우리가 살고 있는 도시의 건물과 도로는 대부분 아스팔트와 콘크리트로 포장되어 있다. 그래서 비가 오면 빗물은 땅으로 스며들어 지하수가 되지 못하고, 하수구와 강을 거쳐서 곧바로 바다로 흘러가버린다. 빗물이 한꺼번에 강이나 호수로 흘러드니 다리가 끊어지고 강이 범람하여 인근 낮은 지역을 침수시키는 큰 피해를 주고 있다. 비는 충분하게 쏟아지지만 지하수는 점점 고갈되고 있는 것이다. 이런 악순환을 없애려면 콘크리트를 걷어내고 숲의 면적을 늘리는 것이 가장 좋지만 지금 당장 손쉽게 할 수 있는 방법은 가정과 가게, 건물에서 빗물을 모아서 이용하는 것이다. 물이 부족한 도시든 충분한 도시든, 이제는 빗물을 잘 관리하고 이용하는 것이 주요 관심사로 떠오르고 있다. 기후변화 영향으로 폭우가 쏟아졌다가도 기록적인 가뭄이 지속되는 등 점점 날씨를 예측하기가 어려워지고 있기 때문이다.

빗물에 대한 오해

빗물박사로 유명한 서울대 한무영 교수님의 자료에 따르면, 일 년 동안 우리나라에 떨어지는 빗물은 1,276억 톤가량이라고 한다. 이 중에서 545억 톤가량은 대기로 증발하고 나머지 731억 톤은 땅으로 스며들어 지하수가 되거나 강과 바다로 흘러간다. 이 731억 톤 중에서 바다로 흘러가는 양은 약 400억 톤이고, 지하수와 댐에 고인 물, 강물같이 우리가 이용할 수 있는 물은 약 331억 톤 정도이다.

그런데 인구가 폭발적으로 증가하고 욕조와 변기같이 물을 쉽게 이용할 수 있는 시설이 늘어나면서 전문가들은 앞으로 30년 뒤에는 약 30억 톤가량의 물이 부족할 것이라고 추정하고 있다. 하늘에서 떨어지는 빗물 총 1,276억 톤 중 30억 톤은 2%에 지나지 않은 양이다. 대기 중으로 증발하는 물을 덮어두거나 바다로 흘러가는 물의 일부만 가둬두고 쓴다면 부족한 2%의 물을 충분히 보충할 수 있다는 뜻이다.

건물 지붕과 옥상, 마당, 건물 지하와 운동장 지하탱크같이 도시 곳곳에 빗물 탱크를 만들면 빗물 때문에 하천이 범람하여 도시가 흙탕물에 잠기는 피해도 줄일 수 있다. 햇볕이 쨍쨍한 날, 모아둔 빗물을 화단에 뿌리거나 청소용수로 쓰면서 조금씩 천천히 흘려보내면 마른 하천에도 물이 흐르게 할 수 있다.

　대형 댐을 더 건설할 계획을 가지고 있는 정부에서는 우리나라가 유엔이 선정한 '물 부족 국가'라고 강조해왔다. 그러나 우리나라는 물 부족 국가가 아니라 '물 관리를 잘 못하는 나라'라고 물 전문가들은 주장하고 있다. 많은 예산이 필요하고 상류 지역을 수몰시키는 대형 댐보다는 도시 곳곳에서 빗물을 널리 이용하는 방법을 모색하는 것이 여러모로 유리하다는 것이다. 또 수도시설이 발달되어 있는 우리나라는 어디서든 수돗물이 콸콸 쏟아지고 있어서 물 부족이라는 말이 피부에 와 닿지 않는다. 그러나 이런 수돗물도 그냥 얻어지는 것이 아니다. 수돗물을 정화하기 위해서 강물을 끌어와 착수, 혼화, 응집, 침전, 여과, 소독 같은 여러 정화과정을 거치며 많은 비용을 들이고 있기 때문이다. 그에 비해 하늘에서 떨어지는 빗물은 공짜이고 누구나 쉽게 모아서 곧바로 이용할 수 있다.

　우리나라 사람들이 가진 빗물에 대한 편견 중 하나는 빗물이 산성비라는 것이다. 빗물의 산성도pH는 5.6으로 산성이 맞다. 비가 내리는 지역에 대기오염 물질이 있으면 산성도가 더욱 강해져서 pH 3~4까지 내려갈 수도 있다. 그러나 비가 내린 뒤 약 20분 정도만 지나면 산성도는 훨씬 약해질 뿐만 아니라 산성은 그리 위험하지도 않다. 사람들이 마시는 콜라의 산성도는 2.5이고, 샴푸와 린스는 3.5, 요구르트는 3.4, 주스는 3.0으로 빗물보다 산성도가 훨씬 높다. 비는 산성이지만 지붕에 떨어진 뒤 홈통을 타고 내려오는 짧은 시간 동안 pH 7~8.5 정도의 알칼리성으로 변하고, 모아놓은 빗물도 pH 7~7.5 정도로 중화된다. 쏟아진 비가 땅 위에 닿는 순간 먼지와 낙엽, 흙과 만나 중화되어 알칼리가 되는 것이다. 이 수치는 건강에 아무런 영향을 미치지 않고, 오히려 샴푸로 머리를 감는 것보다 빗물로 감는 것이 더 깨끗하다.

땅 위를 흐르던 물이 증발했다가 쏟아지는 비는 지구상에서 가장 깨끗한 물이다. 지구가 생성된 후 오랫동안 비가 내렸고 사람들은 이 빗물을 마시고 씻고 닦는 등의 용도로 이용하고 있다. 우리가 이용하는 수돗물과 지하수, 냇물과 강물 모두 애초에 빗물에서 시작되었다. 소중한 자원인 빗물을 잘 이용하면 물 걱정 끝! 누구에게나 공평하게 쏟아지는 빗물을 모아 시원하게 마시고 한바탕 말끔하게 닦아보자.

★ 빗물 이용법

빗물을 이용하는 방법은 어렵지 않다. 마당이나 옥상, 처마 아래같이 빗물이 떨어지는 곳에 큰 통을 두고 빗물을 모아서 화분이나 텃밭에 뿌리면 된다. 처마에 빗물받이가 설치되어 있으면 더욱 좋다. 지자체나 빗물 관련 단체에서 빗물저금통이나 빗물항아리를 보급하는지 알아보고 빗물 장치를 설치하면 더 편하게 이용할 수 있다. 빗물저금통에는 수도꼭지가 달려 있어서 빗물을 쉽게 받아 쓸 수 있다. 건물을 리모델링하거나 새로 짓는다면 빗물저수조를 지하에 묻는 등 빗물 시설을 설치하여 화장실의 변기 세척용이나 청소용 등 다양한 방법으로 빗물을 이용할 수 있다.

✳ 빗물 관련 정보를 얻을 수 있는 곳

(사)빗물모아 지구사랑 rainforall.org
빗물네트워크 cafe.daum.net/rainnetwork
한무영 교수의 블로그 blog.daum.net/drrainwater

◉ 함께 읽으면 더 좋은 책

《빗물과 당신》 한무영, 강창래 지음 / 알마
《빗물을 모아쓰는 방법을 알려드립니다》 빗방울연구회 지음 / 그물코
《지구를 살리는 빗물의 비밀》 한무영 지음 / 그물코

세상 어디에나
텃밭을 일굴 수 있다

'채소를 키우고 싶은데, 심을 땅이 없네'라고 한탄한 적이 있는가? 그렇다면 이 영화를 보고 고정관념을 깨시라. 2010년 미국 이언 체니 감독이 만든 다큐멘터리 〈트럭농장〉. 뉴욕 브루클린 마을에 사는 감독은 낡은 트럭의 짐칸을 아담한 텃밭으로 꾸몄다.

일단 트럭의 짐칸에 물이 잘 빠지는 깔개를 깔고 두꺼운 천을 덮었다. 그리고 무게가 가벼운 경량토를 깔고, 그 위에 건강한 흙을 덮었다. 흙이 완성되자 정성 들여 씨앗을 심었다. 케일, 토마토, 고추, 적상추, 브로콜리, 파슬리, 스위트피, 예쁜 꽃이 피는 라벤더까지…. 햇볕이 잘 드는 곳에서 열심히 물을 주고 싹을 틔웠다. 그리고 얼마 후 식물은 파릇파릇 자라기 시작했다.

"체니, 우리 집에 채소가 필요해요."

"곧 달려갈게요."

드디어 채소 주문 전화가 왔다. 감독은 곧 트럭을 몰고 소비자가 살고 있는 집으로 달려갔다. 채소 한 봉지는 20달러, 채소가 필요한 만큼 소비자는 트럭농장에서 직접 뜯을 수 있다. 이 트럭농장의 가장 큰 장점이라면 텃밭 그대로 배달되는 움직이는 농장이라서 가장 싱싱한 상태에서 소비자가 직접 수확할 수 있다는 것이다. 캘리포니아에서 자란 채소가 뉴욕까지 오는 데 2주가 걸리지만 트럭농장에서 기른 신선한 채소는 손님의 손에 닿기 직전까지 흙에 뿌리를 내리고 있다.

감독은 이렇게 첨단의 도시 뉴욕 한복판에서 채소를 기를 수 있는 자신만의 기발한 농장을 만들었다. 채소 수확이 끝나자 이번엔 트럭 짐칸을 유리온실로 만들었다. 그리고 브루클린을 출발해서 뉴욕을 횡단하며 옥상농장과 배에서 기르는 바지선 농장, 오래된 야구경기장 농장, 맨해튼 아트 스튜디오 등 도심 속 농장을 찾아 왜 도시인들이 다시 땅으로 돌아가고 싶어 하는지를 생각해본다.

그는 '채소를 기르려면 너른 땅이 있어야 해. 그리고 영양분이 풍부한 좋은 흙이 있어야 해'라고 생각했던 우리의 고정관념을 바꾸어놓았다. 도시에서 건강하고 싱싱한 채소를 찾아 즐겁게 먹기만 하는 우리는 자신의 먹을거리를 얼마나 생산하고 있을까? 그리고 내가 먹는 채소가 어디서, 어떻게 기른 것인지 얼마나 알고 있을까? 이렇게 우리가 전혀 예상하지 못했던 곳에서도 텃밭을 만들고 싱싱한 채소를 키울 수 있다. 당신이 얼마나 유쾌하고 기발한 아이디어를 가지고 있고, 또 실천하느냐에 따라서 말이다.

✳ 트럭농장 www.truckfarm.org

벽을 타고 오르는 세로 본능 꽃밭

"꽃을 키우고 싶은데 화분도 없고, 공간도 마땅치 않아"라고 생각한 적이 있는가? 그렇다면 이곳을 찾아가보시라. 수원시 신풍동 장안장 모텔에는 화분 수십 개가 건물 벽에 다닥다닥 매달려 있다. 채송화, 백일홍, 맨드라미, 분꽃, 베고니아, 메리골드 등 갖가지 꽃들이 활짝 피어 골목을 오가는 사람들의 눈을 즐겁게 해준다. 도대체 이 많은 꽃들이 어떻게 벽에 얌전히 매달려 있을까, 나도 모르게 발길이 그쪽으로 향했다.

이 꽃밭은 가로가 아닌 세로 본능이다. 벽을 타고 하늘을 향해 점점 더 높이 올라가고 있다. 화분들은 건물 벽에 철사로 단단하게 고정되어 있다. 그런데 자세히 살펴보니 뭔가 좀 수상하다. 화분의 생김새가 독특하다. 페트병과 깜장고무신, 나무, 돌, 돼지저금통, 소화기 받침대, 주방용 찜기, 플라스틱 파이프, 플라스틱 그릇, 나무포장지까지…, 화분의 종류는 우리 상상의 세계를 뛰어넘었다. 고무신과 저금통같이 좁은 공간에서도 식물들은 신기하게 뿌리를 잘 내리고 쑥쑥 자랐다.

"이 꽃들은 말 그대로 정성으로 자라는 거죠."

모텔 사장님이 물뿌리개를 들고 나와 화분에 물을 주면서 활짝 웃으셨다. 사장님의 본업은 모텔에 묵고 가는 손님들의 편의를 돕는 일이지만 아침부터 저녁까지 화분에 더 많은 시간과 정성을 쏟는다. 손님들보다 바깥에 있는 화분이 더 걱정되는 모양이다.

이 꽃밭의 특징은 꽃모종이나 화분을 돈 들여 사지 않는다는 것이다. 이웃집에서 버린 생활용품과 골목길 재활용 더미에서 적당한 것을 골라 자르고 붙여서 화분으로 꾸몄다. 이름 그대로 재활용 텃밭이다. 꽃모종도 꺾꽂이를 하거나 씨앗을 받아서 해마다 수를 늘려가고 있다. 그나저나 어떻게 이 작은 화분에서 식물이 자라고 꽃을 피울 수 있을까? 그 비법이 무척 궁금했다.

"영양제와 거름을 적당히 넣어주면 돼요."

역시 사장님만의 비법이 있었다. 사장님은 골목길을 오가는 사람들에게 한 가지 당부를 잊지 않았다. 꽃을 눈으로만 감상하고 뽑거나 열매를 꺾지 말아달라는 것이다. 가끔 동네 할머니들이 이 집에는 꽃이 많다며 그냥 가져가는 일이 있었다고 한다. 이 골목을 오가는 많은 사람들이 활짝 핀 꽃을 보고 즐거워하고, 골목길도 환해지고 사람들의 마음도 너그러워진다면 사장님은 더 바랄 게 없다.

도심 속 옥상 오아시스

'빌딩 숲 가운데에서 텃밭 가꾸기는 엄두도 낼 수 없어'라고 한탄하고 있는가? 여기 또 다른 기상천외한 텃밭은 6층 빌딩 옥상에 자리 잡고 있다. 이곳은 젊은이들의 거리인 서울 홍대입구역, 하늘을 향해 웅장하고 거대하게 솟아 있는 빌딩 숲 가운데에 아기자기하고 푸릇푸릇한 텃밭이 있다. 이 텃밭의 이름은 '홍대텃밭 다리', 서울 홍대를 중심으로 활동하는 예술가와 요리사, 젊은이들이 모여 옥상텃밭을 바지런하게 일궜다. '다리'라는 이름은 도시와 자연, 자연과 사람, 사람과 사람이 연결되기를 바라는 마음으로 지은 이름이다.

이 옥상텃밭은 복잡한 거대도시에서 불가능이란 없다는 것을 증명해 보이려는 새로운 실험 같다. 이 서울 한가운데 옥상에서 벼가 영글어 고개를 숙이고 있기 때문이다. 그것도 우리가 흔히 먹는 일반벼가 아니라 토종벼다. 가을 김장배추도 실하게 잘 자랐다. 이제 속이 꽉 차면 김치를 담글 수 있겠다. 노랗게 잘 익은 여주는 입을 쫙 벌려 빨간 씨앗을 모두 내보이고 있다. 며칠 지나면 씨앗이 바닥으로 떨어질 것 같다. 케일과 당근도 탐스럽게 자랐다. 옥잠화는 보라색 꽃을 피웠고 꽃배추도 물 위에 동동 떠 있다. 텃밭을 일구다가 허리 펴고 잠시 꽃도 감상하라는 배려인 모양이다.

재기 발랄한 도시농부들답게 식물을 키우는 화분도 다양하다. 나무를 얼기설기 박고 페인트칠을 한 나무화분과 플라스틱 물통, 고무 함지박, 천주머니까지 네모나 동그라미 모양을 가진 모든 것들이 화분으로 변신했다. 옥

상 난간에는 긴 파이프를 설치하고 가운데를 잘라 아기자기한 꽃들을 심었다. 낡은 여행용 캐리어 가방도 제 쓰임새를 다하자 화분이 되어 제2의 인생을 멋있게 살고 있다.

옥상텃밭을 가꾸는 도시농부들은 즐거운 행사도 곁들인다. 텃밭을 가꾸는 사람들이 다 같이 모여 얼굴을 익히는 3월 '텃밭으로 튀어!' 모임, 씨를 뿌리고 모종을 심으며 일 년 농사를 기원하는 4월 시농제, 텃밭 재료로 만든 음식을 나누는 5월 '텃밥', 텃밭에서 비빔밥과 허브티를 즐기는 6월 '점쉼', 봄 감자를 캐는 6월 하지감자축제, 배추와 무로 김장 김치를 담그는 11월 김장잔치도 연다. 이곳에서 기른 채소는 한 달에 한 번 열리는 시장인 마르쉐에 가지고 가서 더 많은 사람들과 나누기도 한다. 식물을 가꾸는 것에 그치지 않고 이 텃밭을 중심으로 사람들을 만나고, 건강한 먹을거리의 생산과 소비, 유통에 대해서도 함께 생각한다.

어디선가 날아온 작은 새가 옥상텃밭에 앉아 뭔가를 쪼아 먹더니 다시 빌딩숲 사이로 날아갔다. 보일락 말락 작은 곤충들은 달콤한 꿀을 찾아 꽃잎 사이를 날아다녔다. 초록공간이 부족한 이 도심 한가운데에서 이 작은 옥상텃밭은 새와 곤충들에게는 안락한 쉼터이자 숨통이다. 옥상텃밭 입구에는 이런 글이 적혀 있다.

'도심 속 오아시스.'

그래, 여기가 바로 새와 곤충, 사람들이 함께 숨 쉴 수 있는 도시의 오아시스다.

내 안의 경작본능

우리 안에는 누구나 경작본능이 있다. 얼어 있던 땅에 생기가 오르는 봄이 오면 문득 흙을 일구고 열심히 물을 주면서 뭔가를 기르고 싶은 마음이 샘솟는다. 답답한 사무실에서 예쁜 꽃이라도 키워볼까 싶어 꽃집 앞을 서성이곤 한다. 앙증맞게 활짝 핀 꽃과 파릇파릇한 채소모종을 보면 쇠가 자석에 이끌리듯 나도 모르게 발길을 멈춘다. 무언가를 심고 가꾸고 싶은 경작본능은 아마도 우리가 농부의 자손이기 때문일 것이다.

우리 민족은 농업을 세상의 근본이라 여겼고, 할아버지와 증조할아버지의 직업은 대개 농부였다. 농부가 아니더라도 냉장고가 없고 채소시장도 발달하지 않았던 시절에는 집집마다 텃밭을 일구어 채소를 길러 먹었다. 어쩌면 이런 유전자가 시골 출신뿐 아니라 도시에서 나고 자란 사람들에게까지 전해진 것이 아닐까? 사람은 흙에서 태어나 흙을 디디고 살다가 다시 흙으로 돌아간다. 흙은 생명의 근원이고, 우리 역시 살아 숨 쉬는 생명이기 때문일 것이다.

내 안에서 꿈틀거리는 경작본능에 충실한 도시 사람들은 무척 많다. 서울 성북구 삼선동 장수마을은 경사진 곳에 작은 집들이 다닥다닥 붙어 있다. 대문이 곧 현관문이라고 할 만큼 좁은 공간에서 이웃들이 옹기종기 모여 산다. 옆집 아기 울음소리와 아빠의 시원한 방귀소리도 실감 나게 들릴 만큼 가깝다. 이 좁은 공간에서는 과연 경작본능이 어떻게 나타날까? 화분들은 놀랍게도 기와지붕 위에 올라앉았다. 마당에 화분 놓을 공간이 없자 햇볕이 내리쬐는 지붕을 선택했다. 뜨거운 햇볕을 맘껏 받으면서, 시원한 빗줄기를 원 없이 맞으면서 쑥쑥 자랄 수 있는 곳이다.

한편, 꽃구경에 빠진 아파트도 있다. 수원시 화서동 꽃뫼버들마을 엘지아파트에는 400여 종의 식물들이 자란다.

"봄에 수선화가 무리 지어 필 때, 벚꽃이 필 때, 아주가 꽃이 보랏빛 융단으로 깔릴 때, 영산홍이 필 때, 여름 노랑원추리와 왕원추리가 줄지어 필 때, 추석 무렵 꽃무릇이 필 때, 쑥부쟁이가 필 때, 단풍이 들 때, 우리 아파트에 놀러 오세요."

조안나 씨는 자신이 사는 아파트를 이렇게 소개했다. '꽃엄마' 조안나 씨는 틈만 나면 호미를 들고 아파트 화단을 일군다. 꽃을 가꾼 지 어느새 십 년이 넘어, 밋밋했던 아파트 화단을 이제는 식물원이 부럽지 않을 정도로 꾸며놓았다. 물론 처음은 미약했다. 아파트 화단에 꽃 한 송이를 사다 심었다. 며칠 뒤에 가보니 누군가 그 옆에 꽃 한 송이를 심어놓았더란다. 그 다음에 두 송이를 심었더니 또다시 누군가가 꽃을 심어놓았다. 이런 일이 몇 번 반복된 뒤에야 그 이웃을 만날 수 있었다. 같은 아파트 주민이자 같은 또래 아이를 키우는 부모라는 공통점을 발견하고는 두 사람은 의기투합했다. 다른 이웃들도 아파트 화단 가꾸기에 하나둘 관심을 보이면서 너도나도 꽃을 심기 시작했다. 집에서 나오는 음식쓰레기와 낙엽을 모아 퇴비를 만들고, 꽃밭의 거름으로도 쓴다. 2012년 이 아파트는 한국기록원에서 우리나라 아파트 가운데 가장 많은 식물이 자라는 곳이라는 인증서도 받았다.

도시에서 식물을 가꾸면 경작의 재미도 쏠쏠하지만 회색도시의 녹지공간이 늘고 신선한 산소가 만들어지고, 길 잃은 새들과 곤충들이 쉬어 가는 안전한 쉼터가 되어준다. 점점 더워지는 도시열섬효과도 시원하게 낮출 수 있고, 초록공간을 함께 즐기는 이웃들에게는 즐거움과 여유도 줄 수 있다. 신선한 채소를 직접 수확해 먹는 것도 좋지만 가꾸는 자체의 즐거움이 더 크다. 또 식물의 생애를 관찰하는 즐거움도 쏠쏠하고, 식물에 벌레가 생기고 이내 시들어버리는 원인을 찾는 일도 무척 흥미롭다.

채소 씨앗이나 꽃모종을 반드시 꽃집에서 사 올 필요는 없다. 먹고 남은 과일씨앗을 모았다가 화분에 심으면 싹이 난다. 아이들에게는 이보다 더 좋은 관찰수업이 없다. 내가 즐겨 먹는 음식이 어떻게 자라고 열매를 맺는지 관찰한다면 먹을거리에 대한 관심도 높아질 것이다. 빈 화분에 물만 열심히 뿌려도 풀이든 이끼든 뭔가가 돋아난다. 아무것도 없는 것 같지만 어디선가 날아왔는지 건강한 흙에서는 뽀얀 싹이 돋아난다. 그저 관심을 갖고 지켜보기만 하면 된다.

당신이 사는 그곳에서도 채소나 꽃을 가꿀 수 있다. 그렇다면 어느 곳이 좋을까? 볕이 잘 드는 베란다가 좋을까, 옥상이 좋을까? 여의치 않다면 골목길 공터는 어떨까? 마음만 있다면 어디에서든 경작할 수 있다. 당신의 마음속에선 이미 파릇파릇한 싹이 돋고 있기 때문이다.

도시에서
생태적으로 사는 법

게릴라 가드닝,
온 세상을 꽃으로 점령하라

　"전국의 모든 게릴라들에게 전한다! 5월 1일 게릴라들이 동시다발 도시 침투활동을 개시한다. 집결장소는 서울시 은평구 갈현2동 어린이공원 11시, 복장은 일하기 쉬운 바지에 챙이 달린 모자를 권한다. 이상!"
　게릴라들의 지령은 매우 은밀하게, 위대하게 전달되었다. 지령을 전달받은 게릴라들은 정해진 시간에 속속 집결장소로 모여들었다. 오늘 게릴라들의 작전 목표는 백만 송이 해바라기 심기! 온 누리에 해바라기 세상을 만드는 것이다. 오늘은 세계 게릴라 가드닝의 날, 전 세계에 꽃밭본능을 가진 게릴라들이 동시다발 침투활동을 개시하는 날이다. 공원에는 이미 해바라기 모종 수백 개가 게릴라들을 기다리고 있었다.

"키가 쑥쑥 자라는 해바라기는 햇볕이 잘 드는 자리에 50㎝가량 간격을 띄워서 심어주길 바란다. 소나무 밑에는 모든 식물이 잘 못 자라니 피해주길 바란다. 자, 지금부터 행동개시!"

지령을 들은 게릴라들은 모종과 꽃삽을 들고 일사분란하게 흩어졌다. 그리고 동시다발 맹렬하게 땅을 파기 시작했다. 어르신들과 청년, 초등학생, 유치원생까지 게릴라들의 구성도 무척 다양했다. 3, 4세 가장 어린 게릴라들도 옹기종기 머리를 맞대고 해바라기 모종을 정성껏 심었다. 이들은 일제히 땅을 파고 물을 주고 주문을 외웠다.

"잘 자라라. 잘 자라라!"

주문을 들은 해바라기는 햇볕의 기운과 땅의 영양분을 모아 튼튼하게 뿌리 내리기 위해 온 힘을 다 쏟을 것이다. 그리고 뜨거운 태양이 내리쬐는 여름날, 키가 훌쩍 자란 해바라기는 노란 꽃을 피우며 활짝 웃을 것이다. 공원에서 임무수행을 마친 게릴라들은 손수레를 끌고 골목으로 진출했다. 이제 동네 골목의 빈 공터를 공략하여 활동영역을 확장하려는 것이다.

"노다지다!"

어느 건물 앞 화단에 부드러운 흙이 보였다. 한 게릴라가 달려가 잽싸게 해바라기 모종을 심었다. 어느 빌라 옆 관리의 손길이 닿지 않은 채 방치된 화단에도 심고, 피자가게 화단과 슈퍼, 미용실 앞 화분에도 심었다.

"이거 뭐예요?"

골목을 지나던 횟집 사장님이 호기심 가득한 표정으로 물었다.

"엇, 해바라기 모종이네! 우리 가게에도 심게 몇 개만 주세요."

횟집에 가면 활짝 핀 해바라기를 보면서 싱싱한 해물을 맛볼 수 있겠다. 골목을 지나가던 할머니도 모종을 얻으러 오셨다. 이쯤 되면 온 누리에 해바라기 세상을 만드는 것은 일도 아니겠다. 역시 게릴라 활동은 전염성이 매우 강하다. 그렇다면 게릴라들의 주요 무기인 해바라기 모종은 어디에서 온 것일까?

"한 달가량 갈현2동 주민센터 옥상에서 직접 키웠어요. 청소년 북카페에서 나온 종이컵을 재활용해서 씨앗을 심었거든요."

누가 들을까 한 게릴라가 매우 낮은 소리로 말했다. 아하, 해바라기 모종은 꽃가게를 습격하여 강탈한 것이 아니라 게릴라들이 공들여 싹 틔운 것이로구나. 꽃밭 경작본능을 가진 게릴라들은 '외로운 늑대'처럼 곳곳에 흩어져 살고 있다. 이들은 더 많은 꽃을 심어 온 세상이 꽃으로 점령되길 원하지만 다닥다닥 붙어서 사는 도시에선 넓고 기름진 땅이 없어 침투 작전은 언제나 큰 장벽에 부딪힌다. 그래서 다시 세운 전략은 골목의 빈터와 방치된 화단, 아무도 관리하지 않은 공공부지 등 많은 사람들이 오가며 꽃을 즐길 수 있는 빈 땅을 노리는 것! 땅 주인의 허락 따윈 필요 없다. 우리 집, 내 땅은 아니지만 거리를 화사하게 가꾸기 위해, 기분 좋은 도시를 만들기 위해 일단 점령하고 본다. 꽃을 심고 물을 주고 거름을 주고, 무심한 사람들이 버린 담배꽁초와 쓰레기를 치우면서 보이지 않는 그들만의 전투를 이어간다. 공들여 가꾼 꽃밭이 허탈하게 뭉개지고 사라지는 그 순간이 오기 전까지 곳곳에서 처절한 전투를 벌인다. 게릴라들이 원하는 것은 오직 내 것, 내 소유만이 아니라 녹색 공유의 세상을 꿈꾸는 것이다.

총 대신 꽃을 들고 싸우는 사람들

비록 내 땅은 아니지만 도시에 사는 사람 누구나 꽃을 감상할 수 있도록 불법으로 땅을 일구어 도시를 푸르게 만드는 행동을 '게릴라 가드닝'이라고 한다. 게릴라 가드닝은 2004년 영국 런던에서 시작되었다. 빽빽한 건물과 번잡한 도로, 잿빛 풍경에 진절머리가 난 리처드 레이놀즈의 눈에 오래된 관목들과 버려진 건축폐기물, 쓰레기가 뒤엉킨 채 방치된 아파트 화단이 들어왔다. 순간 스친 생각,

'저 곳이 내 꽃밭이 될 수 있지 않을까?'

다음 날 새벽 2시 그는 꽃모종을 들고 버려진 화단에 홀연히 나타났다.

열심히 잡초를 걷어내고 땅을 파고 유기질 비료를 넣고 꽃을 심었다. 다음 날에도 그곳을 찾아가 물을 주고 행인들이 버린 쓰레기도 치우며 매일 밤 혼자만의 유격전을 치렀다. 늦은 시간에 꽃밭을 가꾸면 이웃 사람들이 놀라지 않고 구청 직원들과 부딪치는 불상사도 피할 수 있기 때문이었다. 게릴라전 같은 꽃밭 가꾸기라는 의미에서 '게릴라 가드닝'이라 이름 붙이고, 버려진 땅이 꽃밭으로 변하는 과정을 인터넷 블로그에 올렸다. 그러자 마치 기다렸다는 듯 게릴라전에 동참하는 사람들이 하나둘 늘어났다. 도시의 거리와 빈 공터에 쓰레기가 널려 있는 것이 싫고, 회색 도시에서 꽃향기가 그립고, 짓밟히는 꽃들을 안타까워한 세계 여러 도시의 게릴라들이 가담하기 시작했다. 그리고 자신이 살고 있는 도시와 게릴라 가드닝 활동에 대해서도 알리기 시작했다.

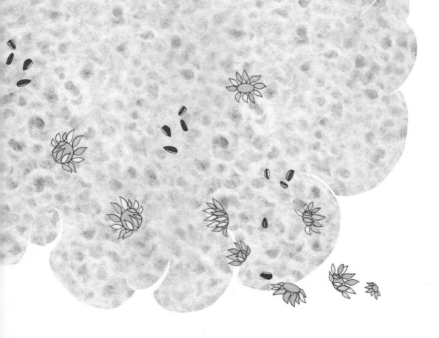

게릴라에게 금지된 장소는 없다. 황량한 땅과 지루한 느낌을 주는 거리, 풀 한 포기 없는 곳과 버려진 틈새까지 어디든 가리지 않고 꽃밭으로 가꾼다. 미국 샌디에이고에 사는 애바는 6㎞에 이르는 임페리얼 거리에서 차를 타고 달리면서 창밖으로 씨앗이 담긴 씨앗폭탄을 쏘아댔다. 뉴욕의 피터는 휴스턴가의 중앙분리대 녹지에 수선화를 심어 신호등을 바라보는 운전자들의 눈을 즐겁게 했다. 런던에 사는 루시는 집을 나설 때마다 씨앗을 주머니 가득 넣고는 식물이 자랄 수 있는 곳이라면 어디라도 야생화 씨앗을 뿌린다. 그렇게 쓰레기로 가득 차 있던 히더그린 기차역 공터를 데이지 천국으로 바꿔놓았다. 미국 델라웨어에 사는 토머스는 자신이 다니는 42번 고속도로의 둔덕이 몹시 단조롭다는 생각이 들어 수선화 구근을 심고, 마을을 가로지르는 도로에는 원추리 꽃을 줄지어 심었다.

이런 게릴라 가드닝은 다양한 부가효과도 가져다준다. 꽃밭 가꾸기는 아주 괜찮은 운동이라 헬스클럽에서 땀 흘리며 뛰는 것보다 뇌에 이롭다. 아프리카 보츠와나의 수도 가보로네에 사는 은카기상은 이혼으로 매우 힘들어하던 시기에 게릴라 가드닝에 참여했는데, 날마다 식물이 자라는 모습을 보면서 스스로를 치유할 수 있었다고 한다. 눈에 확 띄는 강렬한 빛깔과 진한 향기로 유혹하는 꽃을 심으면 지나가는 사람들의 시선을 끌어 상점의 매출이 올라가고, 인근에 사는 주민들에게도 즐거움을 주어 거리가 밝아지고 도시에도 좋은 변화를 만들어낸다. 마약과 사창가, 우범지역이었던 뉴욕의 뒷골목도 게릴라들의 침투 작전으로 화사하게 변하면서 새로운 음식점이 생기고 도시의 분위기가 달라졌다. 이런 좋은 변화를 감지한 땅 주인들은 자신의 땅을 기꺼이 꽃밭 가꾸기에 내놓기도 했다.

이 게릴라전은 세계 곳곳으로 번져 4세 꼬마 대원부터 91세 최고령 대원까지 30개국 7만여 명의 게릴라들이 참여하여 수많은 도시를 일궜고, 점점 늘어나는 게릴라들의 수를 헤아리기조차 어려울 지경에 이르렀다. 게릴라들은 입을 모아 이렇게 말한다.

"우리는 총 대신 꽃을 들고 싸운다. 이 전투를 지지하는 사람이 생기는 것은 곧 우리의 승리다."

우리나라에도 게릴라 작전이 성공한 사례가 있다. 서울시 마포구 상암동 상암두레텃밭은 본래 차량보관기지인 주차장이었다. 고층 아파트 사이에 철망이 둘러진 채 몇 년째 풀만 무성하게 자라던 이 아까운 공터를 그냥 두고 볼 수 없었던 경작본능 주민들이 2009년 봄, 호미를 들고 나타났다. 그리고 무단으로 땅을 일구어 게릴라 농사를 짓기 시작했다. 쓰레기를 치우고 돌을 골라내고 조금씩 텃밭을 만들면서 무단경작을 하자 근처에 살던 사람들도 하나둘 모였다.

주변에 있던 돌을 날라 돌담길과 울타리를 세우고, 땅의 모양을 따라 자연스럽게 텃밭의 구획을 만들고, 버려진 나뭇가지를 활용하여 '상암두레텃밭'이라는 입간판과 원두막도 뚝딱뚝딱 만들었다. 농약과 화학비료 쓰지 않기, 농산물의 절반 기부하기 같은 원칙도 정했다. 이런 소식이 알려지자 마포구청이 지원하여 게릴라 농사 3년 만에 합법적인 도시텃밭이 되었고, 구의원이 도와서 도시농업 육성조례도 제정했다. 지금은 텃밭 회원을 원하는 사람들이 너무 많아서 추첨으로 결정하는데 경쟁률이 치열하다. 가을 김장

철에는 텃밭에서 수확한 유기농 무와 배추를 파는 일일장터를 열어 시장보다 낮은 가격으로 팔고, 수익금은 근처의 청소년시설에 기부하기도 했다.

공원, 금기를 깨다!

남의 땅을 불법으로 가꾸는 용기와 대범함이 생기지 않는다면 도시공원을 함께 가꾸는 것도 좋은 방법이다. 지금까지 공원은 행정기관이나 공원관리 전문기관이 계획해서 깔끔하게 가꾸어놓고 우리는 그저 가족들과 산책하면서 즐기는 곳이라고 생각했다. 이런 소극적인 생각에 뒤통수를 제대로 치는 반전이 일어나고 있다. 바로 우리 손으로, 우리가 원하고 상상하는 대로 공원을 가꾸려는 사람들이 등장했기 때문이다.

2005년 6월 개장한 서울숲은 한강변 뚝섬에 조성한 인공 숲이다. 이곳은 1954년부터 뚝섬 서울경마장으로 이용하다가 경마장을 과천으로 옮기면서 골프장과 운동장 같은 체육공원으로 활용했던 곳이다. 이 땅에 다양한 개발 계획이 있었지만 많은 시민들의 바람대로 공원으로 결정되었고, 서울시와 시민들이 함께 도시공원을 가꾸는 새로운 방법을 도입했다.

서울숲이 공식 개장하기 전인 2003년부터 2005년까지 서울그린트러스트가 주관하여 시민들 5,000여 명과 기업 70여 곳이 참여하여 열심히 나무를 심었다. 서울그린트러스트는 도심 곳곳에 나무를 심어 후손들에게 물려주는 신탁운동을 하는 비영리민간재단이자 나무를 심는 공익재단이다. 시민들은 주말이나 휴일, 시간 날 때마다 서울숲을 찾아와 나무를 심고 화초를 가꾸며 땀 흘렸고, 기업은 공익이벤트 후원과 교육프로그램 후원, 행사 물품 후원 등 다양한 방법으로 숲 가꾸기에 참여했다. 또 기업의 직원들은 월 1회나 격주로 일정한 공간을 꾸준히 관리하는 구역정원사 활동도 하고, 벤치 설치와 나무입양, 도서관을 만드는 등 신선한 방식으로 숲을 가꾸었다.

"꽃을 함부로 뜯지 마세요. 식물을 보호합시다."

공원에선 이런 푯말을 흔히 볼 수 있다. 그러나 이런 금기를 깬 식물원도 있다. 미국 뉴욕식물원에서는 유명 셰프들이 식물원에서 뜯은 재료로 건강 샐러드를 만들어 방문객들을 대접했다. 식물원에서 얻은 재료로 당뇨병과 고지혈증 치료에 도움이 되는 요리도 해주었다. 이 프로그램 이름은 '먹을 수 있는', '식품'이라는 뜻을 가진 '에디블edible 가든'인데, 식물원에서 자란 싱싱한 재료를 직접 맛보는 것은 상상만 해도 기분이 좋아진다.

아이들이 씨앗을 심고 길러서 수확해 먹는 '패밀리 가든'도 열어 당근을 못 먹던 아이가 당근을 직접 기르고 요리해서 먹는 체험 프로그램도 열었다. 이 체험을 통해서 아이는 식물의 성장과 먹을거리를 생산하는 과정을 온전히 지켜보는 소중한 경험을 할 수 있었다고 한다. 뿐만 아니라 매주 '파머스 마켓'을 열어 뉴욕 시 인근의 농부들이 수확한 농산물도 판매하고, 예술갤러리를 열어 유명작가들의 그림과 사진작품을 전시하는가 하면, 식물원에서 결혼식과 음악회도 연다. 카누 타기와 어린이를 위한 발레 수업도 열어 식물원에서는 아름다운 꽃과 식물을 얌전히 감상만 해야 한다는 우리의 고정관념을 '와장창' 통쾌하게 깨뜨려주었다.

공원을 넓히는 방법

　푸릇푸릇한 공원이 우리 집 가까이에 있다는 사실은 복잡하고 답답한 도시에서 큰 위안이 되어준다. 더운 날 가족들과 함께 산책을 나가 시원한 바람을 맞을 수 있고, 꽃이 피고 지는 것을 보면서 사계절의 변화도 느낄 수 있고, 새소리와 풀벌레 소리를 들을 수 있는 곳도 푸른 공원이다. 아장아장 걸음마를 시작한 아기와 쉴 틈 없이 뛰어다니는 천방지축 꼬맹이들이 안심하고 뛰어놀 수 있는 곳도 공원이다.

　그렇다면 시민들은 공원에서 나무 심고 거름 주는 자원봉사 활동으로 만족할 것인가? 2006년부터 경기농림진흥재단은 '도시숲 코디네이터 양성' 프로그램을 열어 도시숲 전문가들을 길러냈고, 신구대학교 식물원을 비롯한 10개 기관과 제휴하여 조경가든대학을 열어 해마다 두 차례씩 시민정원사들을 양성하고 있다. 일본 (재)공원녹지관리재단에서는 2006년부터 공원관리운영사 자격제도를 운영하여 민간단체와 기업이 민간자격증을 가지고 공원운영 관리에 참여하고 있다. 미국에서는 전문 원예가가 아닌 일반인을 대상으로 원예와 조경전반에 대한 교육과 기술훈련을 하는 마스터가드너 제도를 운영하고 있다. 특히 저소득 가정을 대상으로 취업을 위한 원예기술훈련과 채소재배, 학교 원예활동, 복지시설 조경을 가르치고, 장애인과 정신지체, 재소자 등을 대상으로 원예활동을 가르치는 사회복지 프로그램도 운영하고 있다. 이렇게 도시공원을 가꾸는 방법은 매우 다양하고 전문적인 방향으로 진화하고 있다.

세계보건기구^{WHO}에 따르면 쾌적한 삶을 위해서 1인당 9㎡의 녹지가 필요하다고 한다. 그러나 서울시의 1인당 녹지면적은 7.76㎡이고, 경기도의 1인당 공원면적은 6.69㎡이다. 뉴욕은 23㎡, 런던 27㎡, 토론토가 29.7㎡인 것에 비하면 턱없이 부족한 수준이다. 새로운 도시공원을 설계하려면 기존의 건물과 땅에 대한 보상을 하고 도시공원을 디자인하고 가꾸기까지 매우 긴 시간과 많은 예산이 필요하다. 그렇다면 도시에서 공원을 넓히는 쉬운 방법은 뭘까? 바로 옥상텃밭, 상자텃밭, 마을텃밭, 쌈지 공원처럼 비어 있는 땅을 초록공간으로 일구는 것이다. 동네 골목길과 자투리땅에도 꽃이든 채소든 식물을 심으면 화단이 되고 텃밭이 만들어진다. 고장 난 운동기구만이 덩그러니 놓여 있는 빈 땅과 오래 방치되어 아무도 관심 갖지 않는 땅에도 채소를 심고 나무를 심어 화사한 공원으로 가꿀 수 있다.

혼자서 공원을 가꾸는 것은 버겁지만 뜻 있는 사람들이 모이고 행정기관이 지원하면 불가능한 일도 아니다. 서로 이웃의 얼굴도 모른 채 흩어져 살던 도시 게릴라들이 모여 즐거운 작당을 벌이고 유격전을 치르다 보면 좋은 이웃이 생기고 도시의 삶도 좀 더 살만하고 풍요로워지지 않을까? 멀리 있는 높은 산과 유명한 숲을 찾아 떠나는 것도 좋지만 우리 곁에 있는 숲, 가까이 있어 즐겨 찾는 공원이 더 소중한 법이다. 열대야 같은 후텁지근한 도시의 열섬 현상을 낮춰주는 것도 바로 도시숲이다. 내가 직접 가꾼 나만의 아름다운 정원도 좋지만 많은 사람들이 함께 누릴 수 있는 우리들의 숲, 우리가 함께 가꾼 도시공원이 푸르러지면 도시의 삶에도 행복바이러스가 넘쳐나지 않을까?

✳ 공원 가꾸기에 참여하는 법

게릴라 가드닝 www.guerrillagardening.org
세계 곳곳의 삭막한 회색도시를 아름답고 푸릇푸릇한 곳으로 가꾸는 용맹한 게릴라들의 침투활동을 볼 수 있다.

노을공원시민모임 cafe.daum.net/nanjinoeul
시민들의 자원활동으로 서울 마포구에 있는 노을공원에 나무를 심고 외래종 식물을 뽑는 등 도시공원을 가꾸고 있는데, 신청하면 누구나 함께 활동할 수 있다.

서울그린트러스트 www.sgt.or.kr
서울숲과 성수동을 중심으로 도시숲 가꾸기와 골목 가꾸기, 상자텃밭 보급 등 녹색공유를 실현하기 위해 재밌는 활동을 벌이고 있다. 수원과 부산에도 그린트러스트가 있다.

푸른길 greenways.or.kr/home
광주광역시 한가운데를 달리던 옛 철도가 폐선되자 시민들이 나서서 숲을 가꾸고 땅을 기부하는 등 오랜 노력 끝에 도시 한가운데 걷기 좋은 푸른길이 만들어졌다.

◉ 함께 읽으면 더 좋은 책
《게릴라 가드닝》 리처드 레이놀즈 지음 / 들녘
《세계의 도시숲을 걷는다》 변우혁 외 지음 / 이채

도시에서
생태적으로 사는 법

더 알아보기

도시열섬
효과 。

도시는 왜 더울까? 여름밤 도시에는 왜 열대야가 나타날까? 도시의 땅은 콘크리트나 아스팔트로 포장되어 있는데, 이것은 태양열을 많이 받아들이고 저장하는 성질이 있어 낮에 가열된 공기가 밤에도 쉽게 식지 않는다. 또 여름철에는 냉방, 겨울철에는 난방 때문에 열 발생량이 많은데, 빼곡하게 들어선 고층 빌딩 때문에 바람은 제대로 순환되지 못한다. 더구나 자동차 배기가스와 공장 매연으로 도시는 더욱 더워지고, 도시를 감싸고 있는 먼지 지붕 때문에 열이 외부로 빠져나가지 못하기도 한다.

이렇게 도시 지역이 주변 지역보다 기온이 높게 나타나는 현상을 도시열섬효과라고 한다. 도시의 기온이 교외보다 높아지는 현상으로, 온도가 높은 부분의 대기가 도시를 섬 모양으로 덮고 있다고 하여 열섬이라고 한다. 도시열섬효과는 여름밤에도 기온이 내려가지 않는 후텁지근한 열대야 현상을 일으킨다. 또한 도시 생태계의 이상 현상을 만들고, 도시에서 발생하는 오염물질을 정체시키는 역할도 한다.

서울에서 도심열섬 문제가 떠오르기 시작한 것은 1975년 이현영 건국대 교수가 '서울의 도시기온에 관한 연구'를 발표하면서였다. 이 논문에서 당시 서울 왕십리 등의 부도심 지역이 겨울철 기준으로 외곽지역에 비해 10도 이상 높다고 밝혔다. 2009년 6~8월까지 서울그린트러스트와 동국대학교 환경생태공학과 연구팀은 '토지이용 특성에 따른 여름철 서울의 온도와 습도 차이 연구'를 16곳에서 진행했다. 측정결과 하루 최저온도는 관악산이 16.67도로 가장 낮고, 왕십리역 주변이 38.34도로 가장 높았다. 열섬지역 중에는 청량리역 주변이 최저온도 18.67도로 가장 낮고, 왕십리역 주변이 38.34도로 가장 높았다. 연구결과 서울은 토지이용 특성에 따라 같은 시간에도 최대 약 10도 차이가 나는 것으로 나타났다.

이런 도시열섬 문제를 해결하기 위해서는 서울시의 도시계획에서 공원녹지를 지금보다 늘려야 하고, 녹지는 길게 띠를 이루는 녹지축을 이루어야 시원한 바람길을 만들어준다. 시민들은 옥상정원이나 골목 화분 가꾸기, 담장을 허물고 산울타리 만들기, 공터에 나무를 심고 화단 가꾸기 등 자투리땅에 작은 마을숲이나 도시텃밭을 가꾸면 큰 도움이 된다. 땅이 없는 곳에서는 상자텃밭을 놓아서 채소와 화초를 가꿀 수 있다.

이 밖에도 빗물이 땅으로 스며들 수 있도록 주차장과 보행자 도로 등에 투수포장을 하여 자동차 운행에 지장을 주지 않으면서 지하수의 고갈을 막고 열섬현상도 완화하는 방법도 있다. 또한 빗물 이용시스템을 갖추어 빗물을 청소용수나 조경용수로 활용하는 것도 좋은 방법이다.

한편, 숲이 있는 것만으로도 아이들의 폭력성이 낮아진다는 연구조사도 있다. 2013년 산림청은 학교숲이 있는 학교와 없는 학교의 초등학생 6백 명을 대상으로 조사한 결과, 폭력을 쓰고 싶어 하는 행동공격성이나 분노감, 적대감이 모두 학교숲이 있는 학교 학생들에게서 20%가량 낮게 나타났다고 한다. 숲이 있는 것만으로도 아이들의 폭력성을 줄일 수 있다니 이 얼마나 아름답고 멋진 치유의 숲이란 말인가. 도시숲이 늘어나면 사람들의 폭력성도 줄어들고 여러 가지 도시 문제도 좀 더 해소되지 않을까?

지구를 살리는
기발한 발명품

압력솥

'칙! 칙! 칙!'

압력솥이 뜨거운 김을 내뿜으며 요란한 소리를 냈다. 우리 집 주방의 주인은 압력솥이다. 한국인의 밥상에서는 밥이 가장 으뜸이니 주방에선 밥솥이 주인 대접을 받아야 마땅하다.

'오늘은 압력이 잘되어 밥맛이 좋겠는걸.'

채소를 씻고 다듬는 틈틈이 나는 버릇처럼 압력솥의 추를 살폈다. 고무 패킹 사이로 뜨거운 김이 다 새어버려서 압력이 안 되는 일이 가끔 있었기 때문이다. 압력솥도 나이를 먹으니 그런 모양이다. 사람이건 물건이건 세월 앞에 장사 없다.

그러니까 2002년, 새로운 둥지로 이사를 하면서 2.3리터 2~3인분 밥을 지을 수 있는 작은 가스 압력솥을 샀다. 어느덧 압력솥을 사용한 지 12년이 지났다. 이 중 7년은 압력솥 구실을 했고 나머지 5년은 그냥 냄비였다. 압력솥 뚜껑에 달린 고무패킹이 낡아 압력이 되질 않았기 때문이다. 이렇게 신기한 발명품이 겨우 냄비 신세라니, 안타까운 마음에 고무패킹을 사러 시장과 주방용품 가게를 돌아다녔다.

"아, 그 회사! 망했어요. 이제는 부품도 못 구해요."

회사 이름만 듣고도 다들 부품이 없다고 고개를 저었다. 품질보증서를 보니 품질보증기간은 1년, 부품 보유기간은 3년이다. 반영구적으로 쓸 수 있다고 홍보해놓고는 부품 보유기간이 겨우 3년이라니, 너무 짧다. 하지만 회사가 부도났다니 별다른 방법이 없다.

전자제품 판매점에 가니 괜찮은 압력솥이 반짝반짝 빛났다. 마음이 약간 흔들렸다. 하지만 우리 집 압력솥은 '아직' 멀쩡하다. 깨끗하게 박박 닦으면 새것처럼 윤이 난다. 이 작은 밥솥에서 얼마나 많은 쌀알이 구수한 향을 풍기면서 윤기 나는 밥으로 익어갔던가? 때로는 불 조절을 잘못해서 까맣게 태운 적도 있고, 고구마를 쪄 먹고 간단한 잡채를 만들기도 했다. 이 밥솥이 있어 배를 든든하게 채우고 다시 일어설 힘을 얻었다. 내 힘과 활동의 근원은 바로 이 압력솥에서 비롯되었다.

그렇게 압력솥을 냄비로 쓰던 어느 날, 인터넷을 열심히 검색하다가 압력솥 부품을 파는 사이트를 찾았다. 유레카! 날아갈 것처럼 기뻤다. 뜻이 있으면 언젠가 이루어진다고 했던가. 고무패킹과 손잡이까지, 필요한 부품을 몇 가지 샀다. 압력솥을 깨끗하게 닦고 부속품을 바꾸고 나니 정말 흠 잡을 곳 없는 새 솥이 되었다. 지금까지 부품 파는 가게를 못 찾은 게 아니라 가게가 이제 막 생긴 거라고 믿고 싶다. 아까운 세월 5년이여!

압력솥은 작지만 참 신기한 물건이다. 압력솥에 쌀을 씻어 넣고 물을 적당히 붓고 가스불로 가열하면 곧 팽팽한 압력이 생긴다. 10분가량 더 가열하여 뚜껑에 있는 추가 '칙칙' 소리를 내면 가스불을 낮추고 다시 5분 가열, 그리고 불을 끄고 10분가량 뜸을 들이면 압력이 모두 빠지면서 밥이 맛있게 익는다. 찬밥이 남아 있을 때는 압력솥 바닥에 물을 조금 넣고 데우면 따뜻한 밥을 먹을 수 있다. 압력이 있을 때 뚜껑을 함부로 열거나 밥솥을 옮기지 않으면 안전 걱정은 없다. 안전밸브와 노즐, 개폐버튼 같은 안전장치가 되어 있기 때문이다.

우리나라에서는 아궁이에 불을 지펴서 밥을 지었던 가마솥이 압력솥의 시초라고 할 수 있다. 무거운 가마솥 뚜껑이 자연스레 압력을 만들었던 것이다. 현대식 압력솥은 1679년 프랑스의 물리학자 드니 파팽이 발명한 증기찜통을 개량해서 만든 것이라고 한다. 보통 음식은 100도에서 물이 끓으면서 익는데, 높은 산에서는 기압이 낮아 밥이 설익거나 잘 끓지 않는다. 액체의 끓는점은 압력에 따라서 달라지는데, 높은 곳에서는 압력이 낮아 끓는점이 100도보다 낮아지기 때문이다. 압력이 낮으면 액체의 끓는점이 낮아지고 압력이 높으면 높아지는 원리를 이용해서 압력솥을 개발했다. 물이 끓을 때 증기가 빠져나가지 못하게 하면 솥 안의 압력이 높아지고 끓는점이 높아져서 요리 재료를 빨리 익힐 수 있다. 요리시간이 짧아지니 요리과정에서 쉽게 파괴되는 비타민이나 무기질 같은 영양분의 손실을 줄일 수 있고 연료도 아낄 수 있다.

압력솥은 가스불을 이용하는 가스 압력밥솥과 전기를 이용하는 전기 압력밥솥으로 나눌 수 있는데, 이 중 가스 압력밥솥의 에너지가 적게 든다. 전기 압력밥솥은 취사뿐 아니라 보온기능이 있어 전기소비량이 많다. 2013년 8월 에너지시민연대와 에너지관리공단의 발표를 보면 가정에서 쓰는 전자제품 중 시간당 소비전력이 많은 가전제품 1위는 에어컨(1750Wh), 전기다리미(1255Wh), 청소기(1155Wh), 전자레인지(1150Wh), 전기밥솥(1077Wh, 취사기준) 순이었다. 그러나 일 년 사용량을 보면 1위는 전기밥솥(923kWh), 냉장고(500kWh), 에어컨(358kWh), TV(299kWh), 김치냉장고(187kWh) 순으로 바뀐다. 전기밥솥은 취사와 보온을 겸하는 데다 가동 시간이 길기 때문에 그만큼 전기소비가 많은 것이다.

전기밥솥을 사용할 때는 취사만 하고 보온 기능은 사용하지 않는 것이 좋다. 밥 먹기 전에 '재가열' 기능을 작동시키면 10분 만에 밥이 따끈따끈해진다. 보온 버튼을 연속으로 2번 누르면 재가열 기능이 작동한다. 우리 집 전기요금이 생각보다 많이 나온다면 전기밥솥부터 의심해보는 게 좋다. 그에 비해 적은 에너지를 쓰면서 따뜻한 밥을 지어주는 가스 압력밥솥이야말로 우리 집 최고의 적정기술이라 할 수 있다.

금속 젓가락

    그해 여름, 나는 필리핀 민다나오 섬에서 땀을 뻘뻘 흘리고 있었다. 민다나오 섬은 필리핀에서도 아래쪽에 자리 잡은 섬으로, 적도와 가까운 위치에 있다. 한낮 뙤약볕에서는 가만히 서 있기 힘들 정도로 뜨겁고, 나무그늘로 피해야 그나마 숨이라도 돌릴 수 있었다. 다행히 우기라서 시원한 소나기가 쏟아지고 나면 '아, 살았다'는 생각이 들었다. 이 뜨거운 땅에서 이슬람 청소년들이 어울리는 평화캠프에 참가했다. 민다나오 섬은 무장반군과 정부군이 총격전을 벌이는 전쟁지역이라 안전하지 않은 땅이다. 전쟁 때문에 생활이 불안정하고 교육도 제대로 받지 못하는 청소년들을 위해 '발라이'라는 인권단체가 2박3일 평화캠프를 열었다.

    처음 만난 이슬람 아이들과 친해지고 싶었다. 그런데 아이들은 영어도 아닌, 필리핀 사람들의 따갈로그어도 아닌, 지역 언어를 쓰고 있었다. 의사소통을 해보려고 공책에 그림을 그리고, 카메라로 사진을 찍어서 보여주기도 하고, 아이들의 호기심을 끌기 위해 온갖 노력을 했다. 그러다가 생각지 못한 엉뚱한 곳에서 아이들의 시선을 한 몸에 받는 사건이 벌어졌다. 그것은 바로 점심시간에 일어났다.

    늘 그랬듯이 여행 갈 때마다 챙겨 다니는 쇠젓가락을 꺼내 밥을 먹었다. 그런데 아이들이 환호성을 지르며 나를 에워쌌다. 무슨 좋은 구경거리라도 생겼다는 듯이 말이다. 알고 보니 현란한 내 젓가락질 때문이었다. 필리핀의 밥은 찰기가 없어 밥알이 모래알처럼 굴러 떨어진다. 이런 밥을 필리피

노들은 숟가락이나 포크로 대충 긁어먹는다. 그런데 동글동글하게 생긴 낯선 외국인 여자가 나무막대기 같은 도구로 쌀을 용케 집어서 먹는 게 신기했던 모양이다.

그래? 이 젓가락질이 신기하단 말이렷다. 주목받은 참에 미끌미끌한 반찬과 동글동글한 과일까지 젓가락으로 단숨에 집어 올리는 묘기를 선보였다. 역시나 아이들의 반응은 뜨거웠다. 깔깔깔 아이들과 한바탕 웃은 뒤 부쩍 가까워져서 배구도 같이 하고, 캠프 놀이에도 참여할 수 있었다.

똑같은 모양으로 생긴 쌍둥이 막대, 젓가락은 단순하게 생겼지만 매우 쓸모 있는 물건이다. 반찬을 집는 용도라고 생각하지만 밥도 집어 먹을 수 있고 국건더기도 집고 콩자반도 문제없다. 젓가락질만 제대로 배웠다면 말이다. 금속 젓가락은 잃어버리지 않는다면 아주 오랫동안 쓸 수 있다. 곰팡이가 슬지 않아 위생에도 좋고 웬만해서는 부러지지 않고 뜨거운 물과 기름에 닿아도 유해물질이 나오지 않는다. 여행이나 출장 때 들고 다니기에도 편하다. 작은 가방의 주머니에 꽂아두면 그만이다. 다만 프라이팬에 음식을 볶을 때 금속 젓가락을 쓰면 코팅이 벗겨질 수 있으니 조심해야 하는 정도랄까.

전 세계에서 젓가락을 사용하는 인구는 세계 인구의 30%가량인데, 그중 한국과 일본, 중국이 대표적인 젓가락문화권 나라라고 할 수 있다. 일본은 짧고 뾰족한 나무젓가락을 쓰고, 중국은 길고 끝이 뭉툭한 플라스틱 젓가락을 쓰는데, 스테인리스 같은 금속 젓가락을 쓰는 나라는 우리나라뿐이라고 한다. 이 금속 젓가락이 지구를 지키는 놀라운 발명품으로 등극하게 된 것은

순전히 일회용 나무젓가락 때문이다. 일회용 나무젓가락은 20년가량 자란 나무를 잘라서 만든 물건치고는 너무 짧은 시간에 사용한 뒤 버려진다. 자장면이나 김밥을 먹을 때는 겨우 10분이나 사용할까? 길더라도 한 시간을 넘기지 않고, 단 한 번 사용한 뒤 버려진다.

2009년 중국의 발표에 따르면 중국에서 한 해 소비하는 나무젓가락은 800억 개로, 한 줄로 연결하면 지구와 달 사이를 21번 왕복할 수 있고 톈안먼天安門 광장을 363번이나 덮을 수 있다고 한다. 20년생 나무를 잘라서 만드는 일회용 젓가락은 3,000~4,000개인데, 중국 사람들이 소비하는 나무젓가락을 만들기 위해서 일 년 동안 대략 2,050만 그루를 벌목하고 숲 200만㎥를 벌목해야 한다.

우리나라 사람들이 쓰는 일회용 나무젓가락도 대부분 중국산이다. 많은 사람들이 나무젓가락은 값이 싸고 편리하고 깨끗할 거라고 생각한다. 하지만 나무젓가락을 만드는 작은 공장에서는 젓가락을 표백하기 위해 이산화황과 과산화수소, 납 같은 중금속이 포함된 세제를 쓰고 있다. 또한 생산 원가를 줄이기 위해 표백한 뒤 삶거나 세척을 해야 함에도 불구하고 이 과정을 소홀히 하고 있다. 이렇게 생산한 젓가락을 계속 쓰면 중금속 중독이나 호흡기 질환에 걸릴 우려가 있다고 한다. 숲을 훼손하고 건강을 걱정하게 만드는 일회용 나무젓가락보다는 튼튼하고 깨끗한 금속 젓가락이야말로 지구를 지키는 기발한 발명품이라 할 수 있다.

재봉틀

　계절이 바뀌어 따뜻하고 편한 바지를 샀다. 허리둘레에 맞는 옷을 사고 보니 역시나 길이가 길다. 수선을 해야 하는데, 수선집에 맡기고 다시 찾으려면 며칠을 기다려야 한다. 번거롭고 수선비도 좀 아깝다.

　옷가게에 진열된 옷은 대개 우리나라 사람들의 표준체형으로 옷을 만들기 때문에 나처럼 키가 작고 통통한 사람, 표준체형에서 벗어난 사람은 딱 맞는 옷을 찾기가 쉽지 않다. 몸에 맞으면 팔이 길고, 허리둘레에 맞으면 바지 길이가 너무 길다. 그렇다고 맞춤옷을 제작할 수도 없고 난감할 때가 종종 있다.

　이럴 때 필요한 건 바로 재봉틀! 맘에 드는 옷을 사서 집에서 간단하게 수선하면 된다. 내 다리 길이에 맞게 바지를 접어서 재봉틀로 드르륵 박기만 하면 끝! 재봉틀을 돌린 참에 소매가 긴 티셔츠와 실밥이 뜯어진 옷도 깔끔하게 박았다. 옷장을 정리하다 보니 오래 입어서 싫증 난 옷이 있다. 이런 옷은 주머니를 바꿔 달거나 예쁜 천을 새로 달아서 디자인을 조금만 바꾸면 신선한 기분이 들고 새 옷이 부럽지 않다. 모두 재봉틀이 있어서 가능한 일이다.

　재봉틀을 사용한 지 십 년이 넘었지만 봉제 실력이 좋은 것은 아니다. 누구나 할 수 있는 간단한 수선만 할 수 있지만 재봉틀을 돌리는 시간만큼은 언제나 즐겁다. 이렇게 만들어볼까 저렇게 바꿔볼까, 온갖 천을 방바닥에 펼쳐놓고 궁리하느라 시간 가는 줄 모른다. 예전 같으면 그냥 버렸을 옷이나 천도 모아두었다가 장바구니를 만들거나 천주머니를 만들거나 다른 용도로 활용할 방법을 찾아본다. 모험심과 도전정신이 지나쳐서 옷을 망쳐버리는 일도 있지만 디자인 연구를 하는 시간만큼은 상상력이 풍부해지는 기분이 든다.

우리 엄마 세대가 시집오던 시절에는 혼수품으로 재봉틀이 빠지지 않았고, 집집마다 재봉틀을 돌려서 밥상보나 커튼, 앞치마 같은 생활용품을 만들어 쓰곤 했다. 천 조각 하나도 그냥 버리지 않고, 천이 낡아서 더 이상 쓸 수 없을 때까지 알뜰하게 썼다. 가게에서 파는 예쁜 제품을 사서 쓰는 재미도 있지만 내가 직접 구상하고 만든 것, 세상에 하나뿐인 내 작품을 만들어 보는 건 어떨까? 재봉틀이야말로 자투리 천에 새 생명을 불어넣고 상상력까지 키워주는 놀라운 발명품이다.

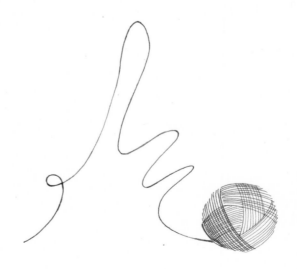

재활용 가게

스산한 바람이 부는 가을 패션의 완성은 스카프! 옷깃으로 스멀스멀 스며드는 찬바람을 막고 분위기도 연출할 수 있어 다양한 스카프를 찾게 된다. 재활용 가게를 구석구석 돌아다니다가 스카프 진열대를 발견했다. 부드럽고 아름다운 무늬를 가진 스카프들이 나풀거리며 나를 유혹했다. 나는 기꺼이 그 유혹에 넘어갔다. 재활용 가게의 가장 큰 장점은 값이 싸다는 것, 스카프 3개를 골라도 겨우 5,000원이니 새 스카프 한 개 값도 되질 않는다. 누군가에게는 싫증 난 것이겠지만 내게는 유용하고 멋진 패션소품이 되었다.

재활용 가게에서 하는 쇼핑은 마음이 홀가분하다. 누군가 사용하던 물건이라곤 하지만 예리한 눈빛으로 주시하다 보면 새것 같은 물건을 발견할 수 있고, 중고품이라 이미 독성이 사라져 더 안전한 물건도 있다. 색감이 좋고 무늬가 예쁜 옷을 골라서 필요한 생활소품을 만들어도 좋다. 옷뿐 아니라 그릇, 책, 신발, 가방, 문방구 등 다양한 물건들이 있고, 개인이 기증한 것도 있지만 공장이나 가게의 재고품을 대량 기증하는 경우도 있다.

재활용 가게의 또 다른 장점은 내게 필요한 물건을 고를 수 있고 쓸모가 없어진 물건을 기증할 수도 있다는 점이다. 우리 집에선 사용하지 않는 영어사전과 겨울옷, 넥타이 등을 기증하고 종이 쇼핑백과 비닐 쇼핑백도 기증했다. 보통 가게에서 물건을 산 뒤에는 쇼핑백보다는 장바구니에 담아 오지만 그래도 쇼핑백이 차곡차곡 쌓인다. 선물을 받거나 친구네 집에서 물건을 얻어 올 때면 쇼핑백에 담아 오기 때문이다. 이것을 모았다가 재활용 가게에 주면 무척 반가워한다. 대개 자원봉사자들의 자발적인 봉사로 운영하는 재활용 가게는 전용 쇼핑봉투를 제작하지 않지만 가끔 손님들이 포장지를 필요로 하기 때문이다.

뿐만 아니라 재활용 가게의 수익은 좋은 일에 쓰인다. 아름다운 가게는 기증받은 물건을 판매하고 얻은 수익을 우리 주변에서 어려움을 겪고 있는 가난한 이웃을 위해 쓴다. 청소년의 방학 급식을 지원하고 보육시설을 퇴소하는 청소년과 장애를 가진 아이들을 지원하고, 거동이 어려운 노인들도 돕는다. 또 방글라데시의 갠지스 강 유역에 사는 사람들이 홍수 같은 재난에 대비할 수 있게 돕고, 베트남 소수민족 아이들이 학교를 다닐 수 있도록 지원한다.

내게는 소용없지만 누군가에게는 매우 유용한 물건을 나누는 재활용 가게는 버려진 물건에 새 생명을 불어넣고 새 주인을 찾아주는 소중한 공간이다. 버려지는 물건이 다시 쓰이고 생명을 연장하는 만큼 지구의 자원도 아낄 수 있으니 이보다 더 좋은 일석이조가 또 있을까?

✳ 즐겨 이용하면 좋은 재활용 가게
녹색가게 www.greenshop.or.kr
아름다운 가게 www.beautifulstore.org

환경책

사람들은 종종 자신의 인생에서 가장 큰 감동과 영향을 책에서 받았다고 말한다. 한 장 한 장 책장을 넘기며 꼼꼼하게 읽어 내려가는 책, 책은 활자로 기록하고 있지만 그것을 읽는 내 머릿속에서는 파노라마 같은 멋진 장면들이 스쳐 지나간다. 내게도 좋은 영향을 준 책이 있다.

바로 ≪녹색세계사≫.

어느 환경잡지에 실린 책 소개를 보고 사서 읽었다. 대개 세계사라고 하면 국가나 왕조에서 일어난 사건이나 전쟁 같은 특별한 이야기를 중심으로 설명한다. 그런데 이 책은 오직 환경사건과 환경문제를 중심으로 세계사를 풀어간다. 물 오염과 식량문제가 발생하자 고대도시는 멸망에 이르렀고, 도시나 국가가 거대해질수록 환경문제도 심각해졌다는 것이다. 번성했던 마야문명이나 잉카문명이 사라진 원인에 대해서도 환경문제를 중심으로 설명했다.

책 내용은 그리 호락호락하지 않고 좀 어려웠지만 책을 읽어 내려가는 동안 머리를 얻어맞은 것 같았다. 이런 시각으로 세계사를 설명할 수 있다는 것이 놀라웠고, 환경문제가 인간 사회에 얼마나 중요한 문제인지를 깨닫게 되었다. 또 환경문제는 한 도시나 국가에 한정되지 않고 국경을 넘나들 뿐 아니라 지구 전체가 함께 고민하고 해결해야 한다는 것도 깨닫게 해주었다. 나도 환경운동을 해야겠다는 생각이 불끈 들었다. 지구 전체를 폭넓게 고민하는 삶을 살아야겠다는 생각을 갖게 되었다.

세상에는 참 좋은 책들이 많다. 고전으로 인정받은 오래된 명서가 있고, 최근에 나온 책들도 다양한 정보와 함께 깊은 울림을 주곤 한다. 책을 많이 읽을수록 생각이 깊어지고 풍부해진다. 한 사람의 깊이 있는 생각과 유연한 자세는 풍부한 독서에서 비롯된다. 책은 훌륭한 지식이자 매우 좋은 간접경험이다. 그중에서 환경책은 지식의 전달뿐 아니라 한 사람의 삶의 태도와 관점을 바꾸어놓는 매우 중요한 역할을 한다. 우리 집을 넘어 우리 사회를 생각하게 하고, 우리나라뿐 아니라 아시아의 여러 국가, 지구촌 전체에 대한 관심으로 생각을 확장시켜 준다.

인터넷과 스마트폰이 발달하면서 읽을거리가 넘쳐난다. 대개 이런 매체는 물건 홍보하며 소비를 부추기느라 바쁘다. 예쁜 물건을 반복해서 소개하면서 자꾸만 뭔가를 사라고 현혹한다. 소비가 미덕이고 지갑을 활짝 열어야 경제가 살아난다고 주장한다. 그러나 환경책은 그런 소비가 우리 생활에 어떤 영향을 미치는지, 자원고갈로 고민 중인 지구에는 어떤 영향을 주는지 따끔하게 지적해준다. 당장 내게 달콤한 얘기보다는 앞으로 일어날 일과 영향력에 대해 폭넓게 알려준다.

우리가 환경책을 읽어야 하는 것은 나의 이로움뿐 아니라 나를 둘러싼 우리, 우리와 함께 연결된 세상과 함께 사는 법에 대해 이야기해주기 때문이다. 지금 우리에게 닥친 환경문제의 원인과 해결방법, 그리고 지구에서 평화롭게 사는 법 역시 지구를 살리는 놀라운 발명품인 환경책에서 지혜를 얻을 수 있다.

그렇다면 당신이 애지중지 소중하게 여기는 지구를 살리는 기발한 발명품은 무엇인가?

◉ 함께 읽으면 더 좋은 책
《잘 생긴 녹색물건》 김연희 지음 / 디자인하우스
《지구를 살리는 7가지 불가사의한 물건들》 존 라이언 지음 / 그물코
《플러그를 뽑으면 지구가 아름답다》 후지무라 야스유키 지음 / 북센스

친환경
행사。

생일과 결혼기념일, 돌잔치, 환갑잔치, 명절, 제사까지 우리는 살면서 특별한 날을 맞이한다. 생일과 명절처럼 일 년 중 누구나 맞이하는 의미 있는 날이 있고, 결혼식이나 환갑처럼 인생을 사는 동안 단 한 번만 찾아올 특별한 순간을 맞이하기도 한다. 많은 사람들이 한자리에 모여 축하하고 기념하는 자리엔 맛있는 음식을 차리고 선물을 준비한다. 그런데 언젠가부터 이런 날을 일회용품이 점령했다. 일회용 접시와 그릇, 거대한 종이포장과 비닐 테이블보까지 행사를 마치고 나면 거대한 쓰레기더미가 만들어진다.

차려낸 음식은 평소 먹던 집밥과 달리 너무 기름지거나 달아서 대충 먹다가 남기게 된다. 사람들이 앉았던 자리마다 남아 있는 음식, 곧 쓰레기가 될 저 많은 음식이 아깝다는 생각만 맴돈다. 그뿐인가. 편안히 즐기면서 덕담을 나누기는커녕 서둘러 행사를 치르고 쫓겨나듯 행사장을 나오는 일도 비일비재하다. 특별한 날인 만큼 행사준비와 뒤처리까지도 특별하고 의미 있게, 그리고 깔끔하게 맞이하는 친환경 행사를 즐겨보는 건 어떨까?

친환경 명절

설과 추석이 다가오면 집집마다 정성을 담아 차례음
식을 준비하고, 도시에서 직장을 다니는 아들딸
들은 양손 가득 선물을 들고 그리운 사람들이
기다리는 고향으로 달려간다. 전통시장과 상점

들은 명절 특수를 누리기 위해 좋은 물건을 쌓아놓고 손님을 맞이하고, 일 년 중 가장 심각한 교통체증이 생기는 고속도로에선 도로공사 직원들과 경찰, 의료진들이 비상근무를 시작한다. 텔레비전과 라디오를 비롯한 방송과 언론에서는 일제히 들뜬 명절 소식을 전하느라 분주하다.

고향에서 가족을 기다리는 사람이나 도시에서 고향을 찾는 사람들 모두에게 명절은 매우 특별한 행사이다. 어떻게 하면 해마다 두 번 어김없이 찾아오는 명절을 더욱 특별하게, 친환경적으로 보낼 수 있을까?

1. 장을 볼 때는 꼼꼼하게 계획을 세운다. 명절 때 버려지는 음식쓰레기는 평소보다 2배! 가족들이 먹을 적당한 양을 준비하고 기름진 음식보다는 건강을 생각해서 담백하게 차린다.

2. 명절 음식은 우리 농산물로, 선물은 친환경 제품으로 준비한다. 장을 볼 때는 비닐봉지보다 장바구니 잊지 않기.

3. 고향에 가기 전엔 전기 플러그를 뽑아 대기전력을 줄인다! 명절에도 에너지 절약.

4. 고향 가는 길은 어린아이가 있거나 짐이 많지 않다면 대중교통을 타고 여행을 떠나는 마음으로 출발! 자가용이 내뿜는 배기가스도 줄이고 장시간 운전 피로도 없이 창밖 풍경을 즐길 수 있어 일석이조다!

5. 성묘를 갈 때 집에서 즐겨 쓰는 그릇과 제기를 챙겨서 일회용 없는 명절을 쇠자. 이것은 조상들이 가꾼 땅과 우리 후손들이 살아갈 미래를 살리는 일이다.

6. 감사와 정성을 담은 선물은 간단한 포장으로! 화려한 포장지와 빳빳한 상자, 스티로폼 포장, 비닐까지 벗기고 나면 정작 알맹이는 초라한 과대포장보다는 선물이 상하지 않을 정도의 가벼운 포장에 내용물이 더욱 알찬 선물을 준비한다.

7. 가족들이 모이면 각자 텔레비전이나 스마트폰, 인터넷에 몰두하지 말고 함께 둘러앉아 이야기하고 공동놀이를 즐긴다. 우리 마을의 의미 있는 곳을 방문하는 것도 좋은 방법. 이번 명절엔 인터넷을 로그아웃하고, 반가운 얼굴을 마주하자.

8. 명절이 지난 뒤 남은 빈 병과 빳빳한 종이상자, 포장지, 선물포장 보자기를 활용하여 우리 집에 필요한 업사이클 생활용품 만들기에 도전해보는 건 어떨까?

메리 그린 크리스마스!

교회와 성당을 다니든 그렇지 않든, 성탄절은 모든 종교와 지역을 넘어 세계 사람들의 즐거운 문화로 자리 잡았다. 아이들은 산타클로스의 선물을 기다리고, 연인들도 선물을 주고받고, 가정에서는 케이크와 맛있는 음식으로 기쁜 성탄을 맞이한다. 그뿐 아니라 12월이 오면 성탄 트리가 불을 밝히고 예쁜 성탄 카드에 편지를 써서 한 해를 보내는 마음과 새해를 맞이하는 들뜬 기분을 나누기도 한다. 성탄절이 없다면 한 해를 마무리하는 12월이 쓸쓸하고 무료하지 않았을까? 그런데 어느새 성탄절 문화가 자꾸만 뭔가를 사라고 소비를 부추기고, 밤새 흥청망청 즐기는 분위기로 바뀌었다. 먹고 마시고 떠들썩하게 즐기는 것이 성탄의 본래 의미였을까? 그렇다면 기쁜 성탄의 의미를 생각하면서 그린 크리스마스를 즐기는 방법은 무엇이 있을까?

1. 크리스마스 트리는 살아 있는 나무에 장식한다.

   인공 트리는 PVC와 플라스틱, 금속으로 만들어서 버리면 유해 쓰레기가 되고, 보관하자니 골칫덩이 짐이 된다. 화분에서 자라는 작은 나무는 성탄 이후에도 계속 싱싱하게 키울 수 있다. 그러나 살아 있는 나무에 꼬마전구를 매달면 겨울눈이나 꽃눈에 상처를 입을 수 있으니 주의! 성탄 장식은 예쁜 그림이 그려진 종이나 팝콘, 천 조각, 말린 과일로 장식하면 나무에게 해가 되지 않는 독특한 트리를 만들 수 있다.

2. 낮에는 트리의 불을 끈다.

   성탄절이 다가오면 거리 가로수와 상점, 가정집에도 꼬마전구가 화사한 빛을 내며 성탄 분위기를 연출한다. 그러나 전구가 반짝이는 동안 전기소비는 물론 적지 않은 이산화탄소를 배출한다는 사실. 조명효과가 적은 밝은 낮에는 색깔 조명을 꺼두자.

3. 성탄을 축하하는 자리에는 건강한 밀랍초를!

   양초의 주성분인 파라핀은 석유부산물인데, 여기에 여러 화학물질과 인공 색소를 넣어서 만든다. 이런 초를 켜면 유해성분이 나와 사람의 눈과 기관지에 좋지 않은 영향을 미친다. 벌꿀의 밀랍을 녹여서 만든 밀랍초를 켜면 향기도 좋고 건강에도 좋다. 초 하나에도 건강을 생각하자.

4. 성탄절 카드는 '재활용 카드'와 'e카드'로!

   특별한 날인 만큼 빳빳하고 고급스런 종이로 성탄 카드를 주고받는 사람들이 많다. 이런 고급종이는 아름드리 원시림을 벌목해서 만든 수입 종이라는 사실. 재생종이로 만든 카드를 보내거나 SNS로 기쁜 성탄의 마음을 전하면 나무도 살리고 특별함도 두 배가 된다. 중요한 것은 마음이니 말이다.

5. 성탄절 만찬은 싱싱하고 건강한 로컬푸드로!

   근사한 외식도 좋지만 각자 음식을 조금씩 준비해서 나눠 먹는다. 음식재료와 과일은 우리 땅에서 생산한 건강한 로컬푸드로 준비해 건강하고 맛있는 성탄절을 즐기자.

6. 성탄 선물은 핸드메이드나 공정무역 제품으로!

   솜씨가 있고 시간 여유도 있다면 성탄절에는 핸드메이드 선물을 준비해보자. 또는 건강하고 공정한 방식으로 생산한 공정무역 수공예품이나 커피, 초콜릿 등을 선택하는 것도 좋은 방법. 선물 포장은 모아둔 포장지나 종이봉투, 천 조각, 리본을 재활용하여 간단하게! 나만의 정성과 솜씨를 담아 그린산타가 되어보자.

탄소 발생을 줄이는 단체 행사

회사나 모임, 단체에서 크고 작은 행사를 자주 연다. 특별한 일을 시작하는 발족식이나 기념하는 기념식, 같은 주제를 공유하고 의견을 모으는 세미나와 포럼, 상을 주고받는 시상식, 야유회나 체육행사 등 수첩에 적힌 일정이 빼곡할 정도로 많은 행사가 열린다. 참가자가 많을수록 안내자료와 영상자료, 간식과 음료, 기념품 등 챙겨야 할 것이 많고, 멀리서 찾아오는 참가자가 많은 행사는 교통수단과 주차 문제도 신경 써야 한다. 또 1박2일, 2박3일에 걸쳐서 열리는 대규모 행사나 외국 참가자가 많은 국제행사는 숙소와 식당, 교통까지 매우 꼼꼼한 준비가 필요하다.

이런 행사를 친환경 행사로 준비하려면 행사 주최자의 준비와 참가자의 실천, 크게 두 가지로 나누어야 더욱 알찬 행사를 진행할 수 있다. 크고 화려하기보다는 독특하고 기발한 아이디어로 친환경 행사를 연다면 참가자들에게도 환경에 대한 이해를 높여 매우 의미 있는 행사로 기억할 것이다. 뿐만 아니라 전국에서 열리는 크고 작은 행사마다 친환경 행동이 이어진다면 지금 우리가 겪고 있는 환경문제를 보다 빨리 극복할 수 있지 않을까?

1. 행사의 시작은 집에서부터! 혼자 이동할 땐 대중교통을, 자가용을 이용할 때는 여럿이 함께 이동한다. 짐을 줄이고 가방을 가볍게 하여 이동할 때 발생하는 탄소를 줄인다. 주최 측에서 행사장 전용셔틀버스를 운행한다면 천연가스나 전기, 식물성 디젤 같은 대체연료를 쓰

는 차를 운행한다.

2. 행사장에서 사용하는 전자제품은 고효율 등급 제품을 사용하고, 사용하지 않을 때는 절전 모드로 설정한다. 쉬는 시간이나 식사 시간엔 행사장의 조명을 꺼둔다.

3. 행사장의 냉난방은 계절에 맞는 적정온도를 지키고, 에너지 절약형 조명을 사용한다. 추위를 많이 타는 사람이나 기온이 낮은 아침시간에는 각자 따뜻한 외투를 챙기라고 안내한다.

4. 자료를 인쇄할 때는 미리 필요한 수를 확인하고, 이면지를 재사용한다. 행사 정보를 쉽게 알 수 있는 모바일 앱과 QR코드를 활용하면 종이와 프린터기 사용을 줄일 수 있다.

5. 음식은 지역에서 재배한 제철음식을 이용하여 채식 위주로 차린다. 최근 들어 채식을 즐기는 사람이 늘었고, 외국인의 경우 종교 신념 때문에 채식만 하는 사람들이 많다. 간식과 음료는 사기 접시와 사기 잔, 유리컵을 준비하여 일회용 컵과 홀더, 빨대 등을 없앤다.

6. 버려지는 음식쓰레기를 줄이기 위해 숙소 예약 때 아침식사를 함께 예약하고, 식당을 이용할 때도 사람 수를 가능한 한 정확하게 예약한다.

7. 기념품은 식물성 재료로 만든 제품이나 공정무역 제품, 재활용품을 선택한다.

8. 숙소는 회의장까지 걸어서 갈 수 있는 곳이나 대중교통으로 이동할 수 있는 곳으로 정한다. 호텔에서 이틀 이상 묵을 경우 침대시트를 두 번 이상 사용하면 세탁할 때 드는 물과 에너지를 줄일 수 있다. 객실의 조명은 필요한 곳만 켜고 외출할 때는 모든 조명을 끈다.

9. 행사를 열고 먼 거리를 이동하여 참석하는 동안 배출하는 탄소의 양이 만만치 않다. 이것을 상쇄하기 위한 탄소상쇄 모금 행사를 벌여 환경단체에 기부하거나 환경행사에 의미 있게 쓰는 것도 좋은 아이디어!

지구인의 도시 사용법

04

인간과
지구의
공존 프로젝트

도시인의 행복과
생물다양성의 상관관계

"아, 맛있겠다. 녀석들 배불리 실컷 먹는구나."

나는 지금 남의 식사를 몰래 염탐 중이다. 그것도 쌍안경을 들고 은밀하게 말이다. 이리저리 옮겨 다니며 왁자지껄 수다를 떨며 맛있게 먹는 걸 바라보니 덩달아 나도 입맛을 쩝쩝 다시게 되었다. 내 존재를 들켜서는 안 되는 이 아슬아슬한 순간에 말이다. 우리 집 건물과 옆 건물 사이엔 뽕나무가 한 그루 서 있다. 올해는 유난히 오디가 많이 열렸다. 박새, 직박구리, 멧비둘기…, 새들이 차례차례 날아와 달콤한 오디식사를 했다.

나는 지금 새들의 식사를 염탐 중이다. 새들은 한 나뭇가지에 얌전히 앉아 식사를 하지 않고 이 가지 저 가지를 분주하게 옮겨 다니며 쪼아 먹다가 작은 소리나 인기척이 들리면 푸다닥 날아가버렸다. 그러다가 주변이 조용해지면 한 마리씩 차례차례 날아와 오디 먹기를 반복했다. 그래서 멀리서 조용히 관찰해야 새들의 식사를 방해하지 않는다.

5월에서 6월 무렵, 새들이 먹고 또 먹어도 충분할 만큼 오디가 많이 달렸다. 바닥에도 새까맣게 떨어져 있을 정도이다. 이 집에 이사 와 3년이 지나는 동안 오가는 길에 나무를 보긴 했지만 이 나무가 뽕나무라는 건 깨닫지 못했다. 나무에 관심이 생긴 건 순전히 새들 때문이었다. 어느 날, 무슨 일인가 싶을 정도로 요란한 새소리에 이끌려 창밖을 내다보니 뽕나무에 새들 수십 마리가 모여 재잘거리고 있었다. 쌍안경을 꺼내 좀 더 자세히 관찰해보니 나뭇가지마다 새까맣게 오디가 익어가고, 새들은 오랜만에 동창회라도 여는 듯 시끌벅적한 봄날의 만찬을 즐기는 중이었다. 달콤한 오디가 열리는 뽕나무를 왜 여태까지 알아채지 못했단 말인가. 나도 저 만찬 자리에 기꺼이 끼어들고 싶지만 침입자로 판단해서 매정하게 날아가버리겠지? 이런 날이면 새들과 대화하는 초능력이 생겼으면 좋겠다는 생각을 한다.

그날 이후 유난히 새소리에 귀가 번쩍 뜨였다. 빨래를 널면서 열린 창문을 내다보니 건너편 집 높은 나뭇가지에 '삐~잇 삐~잇' 직박구리 두 마리가 시끄럽게 울어댔다. 마치 버스 안에서 주변 사람들을 배려하지 않고 열심히 떠드는 사람들처럼 직박구리의 수다는 귀가 따갑도록 계속되었다. 방바닥 걸레질을 열심히 하고 있는데 '구~구~꾸꾸' 하는 익숙한 새소리가 연이어 들렸다. 어릴 적부터 자주 듣던 새소리인데 뭐지? 내친김에 새소리도감을 찾아보니 멧비둘기 소리였다. 아, 저 소리가 멧비둘기였구나. 베란다에도 이름 모를 작은 새가 날아왔다. 아무것도 없는 것 같은데 뭔가를 콕콕 쪼아 먹으며 얼마 동안 머물다가 휙 날아가버렸다. 미리 씨앗이라도 뿌려놓을걸, 새가 떠난 뒤에야 부질없는 아쉬움이 남았다.

계절이 봄에서 여름으로 넘어갈 무렵, 새들의 짝짓기 철이 되자 밤낮을 가리지 않고 다양한 새소리가 들려왔고 저 새 이름은 뭘까 궁금증이 더해갔다. 전깃줄 위에도, 인적이 드문 골목길에도, 건너편 집 지붕 위에도 새들을 심심찮게 볼 수 있었다. 콘크리트 건물들이 빼곡하게 자리 잡은 이 복잡한 서울에서 새를 볼 수 있다는 것은 얼마나 즐겁고 다행스런 일이란 말인가. 더구나 멀리 있는 깊은 산을 찾아 떠나지 않아도 새소리를 들을 수 있으니 말이다. 조금만 관심을 기울이면 도시에도 적지 않은 새들이 살고 있다. 다만 온갖 소음 속에서 내가 새소리를 알아채느냐 그렇지 못하느냐의 차이일 뿐이다.

나에게 필요한 생물다양성

한때 사람들은 참새가 해로운 새라고 생각했다. 곡식이 무르익는 가을이 오면 벼를 콕콕 쪼아 먹는 참새는 소중한 식량을 빼앗는 나쁜 새였고, 농부들은 새를 쫓기에 바빴다. 그러자 1960년대 중국에서는 해로운 네 가지, 참새와 쥐, 파리, 모기를 완전히 없애버리자는 사해四害 추방운동을 벌였다. 쥐와 파리, 모기는 이해되지만 참새를 추방해야 할 네 가지에 넣은 것은 이 새가 사라지면 쌀 수확량이 늘어날 것이라고 기대했기 때문이다. 사람들은 보이는 대로 닥치는 대로 참새를 잡아서 없앴다. 그런데 이 운동이 대대적으로 벌어지자 농작물 수확이 늘어나기는커녕 오히려 줄어들었다. 참새가 줄어들자 해충이 폭발적으로 늘어나 농작물에 더 큰 피해를 주었기 때문이다.

어미 참새는 새끼를 키우기 위해 열심히 곤충을 물어다가 먹이는데, 하루가 다르게 쑥쑥 자라는 새끼 참새들은 엄청난 양의 곤충을 먹어댄다. 해가 뜰 때부터 저녁까지 어미 참새는 새끼들의 왕성한 식욕을 채워주려고 쉴 틈 없이 곤충을 잡아 나른다. 이렇게 참새는 농작물을 훔쳐 먹는 해로운 새가 아니라 농작물에 피해를 주는 곤충의 수를 줄여주는 고마운 존재였던 것이다. 이 작은 참새도 자연생태계에서 제 몫의 일을 톡톡히 해내면서 살고 있다.

참새뿐 아니라 거의 모든 새들은 곤충과 벌레를 잡아먹어 이들의 수를 조절해주는 중요한 일을 하고 있다. 새들은 농촌뿐 아니라 도시의 숲도 건강하게 만들어주고 있다. 만약 도시에 새들이 없다면 공원과 가로수를 관리하는 사람들은 더 많은 살충제를 뿌려야 할 것이고, 사람들은 곤충과 살충제의 피해를 입고, 행여나 집 안에 곤충이 들어올까 문을 여닫기조차 조심스러울 것이다.

따지고 보면 도시의 삶도 다양한 생물종이 있어야 유지된다. 내가 먹는 밥에는 쌀과 여러 가지 잡곡이 들어 있고, 국과 찌개, 반찬의 재료 역시 식물의 잎이거나 뿌리, 열매를 가공한 것이다. 입맛 살리는 풍성한 밥상을 차리려면 그만큼 다양한 식물들이 자라야 다양한 맛을 즐길 수 있다. 상큼한 과일과 담백한 생선은 또 어떤가? 식탁의 생물다양성은 입맛의 즐거움뿐 아니라 영양분과도 연결되어 있다. 골고루 먹어야 다양한 영양분을 섭취할 수 있다. 더구나 나처럼 '입이 짧아서' 음식에 싫증을 자주 내고, 늘 새로운 맛을 찾는 사람에게는 다양한 생물종이 더욱 절실하다.

내가 즐겨 입는 티셔츠의 원료는 인도나 미국의 어느 목화밭에서 자란 목화솜이고, 여름날 시원한 느낌을 주는 삼베와 누에고치로 만든 비단, 이 천을 곱게 물들인 것은 치자와 홍화, 쪽 같은 식물에서 얻은 것이다. 몸이 아플 때 먹는 한약과 양약의 재료 역시 식물에서 얻고 있다. 농촌에서 사용하는 지게와 호미, 도리깨, 소코뚜레 같은 농기구도 저마다 다른 성질을 가진 나무의 특성을 이용해서 만들었다. 건물을 지을 때도 쓰임새에 따라 여러 가지 목재가 필요하고, 옷장과 탁자, 의자, 생활소품 등에도 수많은 생물종이 기꺼이 원료가 되어주었다.

손꼽아 기다렸던 여행길에는 키 큰 나무들이 하늘을 가릴 듯이 뻗어 있고 발아래에는 야생화 군락지가 펼쳐진다. 허리를 굽히고 자세히 살펴보면 대개 야생화들은 한 종이 아니라 여러 가지 꽃들이 어울려 자란다. 그래서 아무리 봐도 지루하지 않고 신기하고 아름답다. 만약 숲 속의 야생화가 공원에 심은 꽃들처럼 같은 종류의 꽃들만 줄 맞추어 자란다고 상상해보라. 숲의 신비로움마저 사라져버리지 않을까? 숲에는 서로 다른 경쾌한 새소리가 들리고 야생동물이 걸어가면서 남긴 똥과 발자국 같은 흔적이 있어 우리에게 자연의 경이로움을 안겨준다. 이 숲에 야생의 기운을 가진 야생동물이 없다면 숲은 얼마나 무료하고 단조로울 것인가 말이다. 이렇게 우리 생활은 알게 모르게 다양한 생물종의 도움으로 유지되고 있다.

원숭이와 공존하는 법

    지구상에는 약 1,000만 종가량의 생물종이 살고 있을 것으로 추정하는데, 어떤 전문가는 500만 종이라고 하고, 1억 종이 넘을 거라고 추정하는 사람도 있다. 인간이 접근하기 어려운 열대우림과 깊은 바다, 북극과 남극 등에서 아직 발견하지 못한 생물종이 많기 때문이다. 이 중 사람들이 발견하여 생물종으로 공식 등록한 기록종은 175만 708종에 지나지 않는다. 곤충 100만 종(57%), 무척추동물 30만 5,250종(17%), 식물 30만 7,674종(18%), 균류와 원생생물 5만 1,623종(3%), 어류 3만 1,800종(2%), 포유류와 조류 1만 5,518종(1%), 파충류와 양서류 1만 5,843종(1%), 기타 2만 3,000종(1%) 등이다. 이 중 지금까지 우리나라에서 발견한 생물은 약 3만 7,000종이다.

    생물종은 물과 공기, 흙 등에 들어 있는 에너지와 물질순환을 통해서 우리가 살고 있는 환경을 조절해준다. 즉, 자연생태계는 탄소의 저장과 물의 순환을 통해서 기후를 조절하고, 공기 중의 산소를 만들고 물을 정화시켜 생물들이 살 수 있도록 돕는다. 생물들은 서로 먹고 먹히면서 필요한 자원을 주고받고, 인간 역시 식량을 포함해 신선한 공기와 맑은 물, 목재, 섬유, 유전자원, 천연약물 등 거의 모든 자원을 생물을 통해서 얻고 있다.

    46억 지구의 역사에서 다양한 생물종이 탄생하고 소멸하고, 또 새로운 종이 출현해왔다. 그러나 인간이 지구에 등장한 이후 멸종의 속도는 더 빨라졌다. 대기오염과 바다, 담수오염으로 생물종이 죽어갔고, 산림 벌채와 도로와 주택건설, 휴양시설 건설 등으로 녹지공간도 줄어들었다. 물건의 재료

를 얻기 위해서 희귀종을 밀렵하면서 많은 동식물이 사라지거나 멸종위기에 처해 있다. 모기나 메뚜기같이 한 종이 갑자기 폭발적으로 늘어난 것은 그들의 천적이 사라졌거나 이상기후 등 환경의 변화로 생긴 문제이다. 생물종이 줄어들고 생물다양성이 빈약해진다는 것은 우리의 생활 역시 불안해진다는 의미이다. 지구상에서 생물 한 종이 사라진다는 것은 우리의 미래도 그만큼 암울해진다는 뜻이다.

일본의 시인이자 농부, 철학자였던 야마오 산세이 씨는 도시를 떠나 남쪽에 멀리 있는 작은 섬 야쿠시마로 이사했다. 이곳에서 농사를 지으며 기계에 의존하지 않는 소박한 삶을 살았던 그는 야생동물과 조화롭게 공생하는 길을 찾으려고 애썼다. 야쿠시마에는 원숭이가 많이 살고 여름에는 태풍의 피해도 커서 농사짓는데 고민이 많았는데, 야마오 산세이 씨는 이 두 가지와 공존하는 농업을 꿈꾸었다. 그러다가 원숭이가 먹지 않는 과일, 그리고 태풍도 잘 견디는 작물을 찾았다.

그것은 바로 청매실이었다. 청매실은 원숭이가 먹지 않아 안심하고 재배할 수 있었고, 덕분에 숲이면서 농장이기도 한 그의 일터엔 철책을 두를 필요도 없었다. 과수원은 주인의 손길로 깔끔하게 가꾸어야 한다는 생각도 과감하게 접어버렸다. 보통 사람들은 돈이 되는 작물을 선택하고 보다 많이 수확하기 위해 온갖 노력을 기울이지만, 숲이자 과수원인 원시 숲에서 야마오 산세이 씨는 야생동물과 어울려 사는 방법을 선택했다. 그 후 그의 삶에는 평화가 찾아들었다.

보통 사람들처럼 많은 열매를 수확해서 더 많은 것을 소유하는 삶을 선택하지 않고 불편하더라도 야생동물과 공존하는 법을 찾은 그의 지혜가 무척 신선하고도 놀랍다. 그가 우리에게 준 교훈은 내 삶을 기꺼이 바꾸면 지금보다 나은 공존의 방법이 있다는 것, 세상은 나만을 위해서가 아니라 우리와 생물종들이 함께 사는 곳이라는 깨우침이었다.

생물다양성을 위한 도시인들의 행동법

1. 골고루 먹자. 그럼 농부는 다양한 식물을 재배할 수 있다.
2. 토종종자를 심거나 토종종자의 열매를 즐겨 먹어서 토종의 멸종을 막자.
3. 도시의 베란다와 옥상에서도 다양한 식물을 기른다.
4. 겨울을 힘겹게 나는 새들을 위해 새 모이통을 만들고 먹이를 주자.
5. 내가 사는 동네에 공원을 새로 만들거나 가로수 계획이 선다면 다양한 식물을 심어달라고 지자체에 요구하자. 전국 어딜 가나 만나는 철쭉과 팬지, 메리골드, 플라타너스와 은행나무…, 너무 지겹지 않은가?
6. 숲에서는 발아래를 조심하자. 사진촬영에 몰두하다 새싹들을 무참히 밟을 수 있다.
7. 화사한 야생화는 조용히 사진만 찍고 그대로 둔다. 도시로 가져오면 환경조건이 맞지 않아 시들어 죽고 만다.
8. 숲에서 캐 온 산나물보다는 밭에서 재배한 산나물을 선택하자. 나물을 뜯으려고 숲의 식물들을 짓밟고 다녔을 수가 있다.
9. 곰쓸개와 호랑이 뼈, 호랑이 가죽, 물소 뿔 같은 희귀동물로 만든 약재나 기념품을 사지 않는다.
10. 희귀한 동물가죽으로 만든 한정판 명품에 눈독 들이지 말자. 내가 그 물건을 탐내는 순간, 한 종이 지구에서 사라진다.
11. 동물의 털이나 가죽으로 만든 옷이나 가방, 모자 같은 천연가죽 제품보다는 맘 편한 인조가죽을 선택하자.
12. 보신탕이나 보신관광 등 야생동물을 먹지 않는다. 우리 몸에 필요한 영양분은 다른 음식이나 약재로도 충분히 보충할 수 있다.

◉ 함께 읽으면 더 좋은 책
《자연에는 이야기가 있다》 조홍섭 지음 / 김영사
《여우와 토종 씨의 행방불명》 박경화 지음 / 양철북

미래의 울창한 숲을
상상하라

"쏴르르르륵!"

양동이에 담긴 물을 구덩이에 쏟아붓자, 땅은 목이 말랐다는 듯 금세 물을 들이켰다. 물이 촉촉하게 젖어 들자 아직 잎이 돋지 않은 키 작은 포플러 나무가 생글생글 웃었다.

"구덩이 가운데에 나무를 세우고 흙을 꼭꼭 밟아주세요."

"물 흘리지 말고 잘 퍼봐요. 그렇게 힘이 없어요?"

"이 구덩이엔 나무가 없어요. 묘목 좀 가져다 줘요."

고요하던 몽골 초원에 왁자지껄 한바탕 소동이 일었다. 깊게 파놓은 구덩이에 나무를 심는 사람과 웅덩이에서 물을 퍼 올리는 사람, 물양동이를 나르는 사람들이 흙먼지를 일으키며 바지런하게 움직였다. 또 다른 사람들은 구덩이를 파기 위해 힘차게 삽질을 했다. 대개 오랜만이거나 처음 해보는 일이라 서툴고 힘들지만 나무 한 그루를 심기 위해 조심조심 정성을 기울였다.

강한 바람이 부는 몽골 초원에서는 나무 심을 구덩이를 60∼70㎝ 깊이로 깊게 파서 나무를 심고 지표면보다 약간 낮게 흙을 덮어준다. 그래야 어린 나무가 뿌리를 잘 내려서 견딜 수 있고, 물을 머금고 있을 공간도 필요하기 때문이다. 우리가 심는 어린 묘목은 조림장에서 씨를 뿌려서 키운 것과 꺾꽂이해서 키운 것도 있고 묘목장에서 사 온 것도 있다. 오늘 내가 심은 나무들이 부디 이 황량한 몽골초원에서 튼튼하게 뿌리 내리기를, 거대한 고목으로 자라 오래도록 이 땅을 지켜주기를 기도했다.

여기는 광활한 대륙의 중심이자 용맹한 유목민의 나라인 몽골이다. 드넓은 몽골초원 중에서 튜브아이막 에르덴솜(행정지명인 아이막은 도, 솜은 군에 해당)에 나무를 심으러 찾아왔다. 계절은 벌써 5월인데, 이곳저곳을 둘러봐도 누런 초원은 그저 아득하고 황량하기만 하다. 그런데 많은 지역 가운데 왜 몽골을 찾아왔을까?

해마다 봄이면 한반도를 찾아오는 반갑지 않은 손님, 황사바람은 바로 이곳 몽골 땅에서 시작된다. 기후변화 때문에 강수량은 줄어들고 몽골 초원은 점점 더 건조해지고 있는데, 이때 강한 바람이 일으킨 거대한 흙먼지가 중국 대륙의 모래바람과 함께 한반도까지 날아온다. 몽골 초원에 나무를 심는 것은 이 불청객 황사바람의 피해를 줄이는 적극적인 방법이자 가장 첫 번째 행동이라 할 수 있다. 그러나 이 황사문제는 몽골과 중국만의 책임이 아니다.

세계 경제대국들이 경제성장에 몰두하는 사이, 석유와 천연가스, 석탄 같은 화석연료를 과다하게 이용하면서 이산화탄소 배출량이 늘어나고, 이것이 기후변화의 원인이 되었다. 예기치 못한 가뭄과 홍수, 강추위, 무더위 같이 기후변화의 영향은 혹독하게 진행되고 있다. 또 건조한 땅을 더욱 건조하게 만들어 생명들이 살기 어려운 사막화 현상을 가속화시켰고, 조상 대대로 이 땅에서 살던 사람들은 보금자리를 위협받는 환경난민 신세가 되었다.

결국 세계 강국의 무분별한 소비가 소박하게 살아온 원주민의 삶을 위협하게 된 것이다. 지금 풍요를 누리고 있는 우리나라 역시 공동의 책임을 가지고 기후변화와 사막화 문제로 고생하는 지구촌 사람들과 공존하는 법을 생각해야 할 때이다. 이들의 현재가 곧 우리의 미래이기 때문이다.

사라지는 물, 메마른 땅

"자동차가 무사히 지나갈 수 있을까?"

걱정하고 있는 사이, 이미 운전수는 자동차의 방향을 돌려 서서히 제방 안으로 접어들었다. 들판 한가운데 바짝 마른 콘크리트 제방이 길게 지나고 있었다. 운전수는 조심조심 요령 있게 운전해서 콘크리트 제방을 무사히 건넜다. 덕분에 먼 길을 돌지 않고 쉽게 지나왔지만 자동차로 제방을 건너다니 무슨 이런 일이 다 있을까? 그나저나 이 드넓은 땅 한가운데에 왜 콘크리트 포장을 해놓았을까?

"예전엔 이곳이 냇가였는데 물이 말라버렸어요."

"냇가가 어떻게 사라질 수 있어요?"

깜짝 놀란 나는 혹시 잘못 들었나 해서 되풀이해서 물었다. 몽골의 수도인 울란바토르에서 동쪽으로 120km, 꼬박 2시간을 달려야 하는 바가노르에 도착했다. 바가노르 사람들이 모여 사는 번화가 옆으로 냇물이 흘렀다. 비가 오면 냇물이 넘쳐 주택가에 피해를 주곤 해서 홍수방지용 콘크리트 제방을 쌓았다. 그런데 제방을 완공한 지 몇 해 지나지 않아 냇물은 그만 바싹 말라버렸다.

자동차로 냇물을 건너는 기분은 묘했다. 신기한 경험이라는 생각과 안타까움이 뒤섞여 묘한 기분이 들었다. 냇물이 마른 것은 여러 가지 원인이 있다. 몽골에 비가 내리는 연강수량이 줄어들었고, 기온이 점점 오르고 건조해지면서 증발량도 늘어났다. 나무뿌리에서 물을 머금었다가 조금씩 흘려보냈던 숲마저 사라지자 더 이상 냇물은 흐르지 않았다. 물이 마른 곳은 이곳만이 아니다. 2003년 몽골 정부는 전국의 지표수에 대한 조사 결과를 발표했다. 결과는 엄청났다. 강과 시내 683곳, 우물과 샘 1,484곳, 그리고 호수 760곳이 증발해버렸다. 사막화는 우리 예상보다 거대하게, 또 빠르게 진행되고 있었다.

몽골에서 사막화가 일어나는 원인은 두 가지로 나뉜다. 첫 번째는 지구온난화 때문에 기온이 점점 오르고, 건조한 바람의 양과 속도도 늘어났다. 물은 점점 줄어들고 해충과 설치류는 증가하고, 토양의 비옥도도 점점 떨어지고 있다. 두 번째는 방목과 광산 개발, 경작, 벌목 같은 생산 활동이 늘고, 인구도 늘고 교통량도 점점 늘어나고 있다. 또 산불이 자주 일어나고 산림관리 체계는 취약하기 때문이다.

여기서 잠깐! 사막과 사막화는 의미가 다르다. 사막^{desert}은 오래전부터 자연스럽게 황폐해진 땅이고, 사막화^{desertification}는 기후변화와 인간 활동 같은 여러 가지 원인 때문에 건조, 반건조, 건조반습윤지역에서 발생하는 토지의 퇴화^{degradation}를 뜻한다. 세계 곳곳에서 진행하고 있는 사막화 방지사업은 옛날부터 있었던 사막이 아니라 최근에 인위적인 요인으로 늘어나는 사막화를 막으려는 활동을 말한다.

몽골에서 진행되는 사막화는 몽골 땅의 문제로 그치지 않는다. 몽골에서 시작된 황사바람이 중국 대륙을 거쳐 한반도와 일본 열도까지 영향을 미친다. 황사에 대한 피해가 늘자 한중일 동북아시아 여러 나라에서 다양한 피해 대책을 마련하고 있다. 우리 정부에서는 황사에 대한 대응을 '황사 발생의 조기예보'에 초점을 맞추어왔다. 몽골과 중국의 사막화 지역에서 발생한 황사가 편서풍을 타고 한반도에 들어올 때 황사의 발생부터 이동 경로, 그리고 그 영향을 미리 예보하여 피해를 막아보자는 것이다. 그러나 이런 방법으로 황사와 사막화 문제의 근본 원인을 해결할 순 없다. 우리나라 시민단체인 '푸른아시아'는 십여 년 전부터 황사와 사막화 문제를 해결하기 위해 몽골 초원에 나무를 심기 시작했다. 몽골은 기후변화의 원인인 이산화탄소 배출량은 적지만 기후변화의 영향을 가장 많이 받는 곳이기 때문이다.

조림장이 들어서는 조건

"와아! 동물의 왕국이다."

작은 호수에 물을 마시러 온 염소와 양 수백 마리가 한꺼번에 몰려들었다. 유목민의 휘파람 소리에 따라 동물들이 일제히 움직이기 시작했다. 구수하고도 비릿한 짐승 특유의 냄새와 똥 냄새가 풍겼다. 호수에는 백조와 두루미, 독수리 같은 새들도 물을 마시러 날아들었다. 유목민들은 대체 얼마나 많은 가축을 기르고 있을까? 보통 유목민 한 집에서는 소와 말, 염소와 양 같은 동물 400여 마리 정도는 길러야 '먹고 살만한' 생활을 유지할 수 있는데, 동물은 주로 고기, 가죽, 털, 우유를 팔아서 수익을 얻는다.

가을에서 겨울로 접어드는 계절이면 유목민들은 가축 수천 마리를 한꺼번에 몰고 이동한다. 여러 집에서 키우는 가축을 모아서 도축하러 가거나 중간상인들이 사들인 가축을 모아 도축하러 이동하는 것이다. 먹을거리가 부족한 겨울이 오기 전에 동물의 수를 줄이고, 동물을 팔아서 수익도 얻기 위해서이다. 이 무렵, 도축공장이 몰려 있는 울란바토르 인근에는 곳곳에서 몰려든 가축들로 넘쳐난다. 자연스레 고기 값도 떨어지게 된다. 그런데 목축은 또 다른 문제를 안고 있다.

몽골의 인구수는 270만인데, 동물의 수는 4,400만 마리나 되어 동물이 사람보다 16배가량이나 많다. 동물의 수가 너무 많다. 더 큰 문제는 초원의 풀은 예전처럼 무성하지 않은데, 동물들이 말끔하게 뜯어 먹는 것이다. 특히 양과 염소는 식물뿌리까지 먹어 치우기 때문에 초원은 점점 더 척박해지고 있다.

누군가는 몽골 초원을 이렇게 표현했다. 세상에서 가장 밝고 또렷한 별
빛이 수없이 쏟아지는 곳, 어떤 이는 드넓은 초원을 내달리며 대륙의 기상
을 느낄 수 있는 곳이라 했다. 몽골에서 유독 별빛이 잘 보이는 까닭이 있
다. 사방을 둘러보아도 거대하고 평평한 땅이 끝없이 펼쳐지고, 산줄기는
저 멀리 지평선에 가물가물 닿아 있다. 하늘을 가리는 것은 아무것도 없고
아득하게 넓다. 검푸른 밤하늘에서 별은 초롱초롱 유난히 빛난다. 이 거대
한 땅, 어디가 어느 곳인지 구별하기조차 어려울 만큼 비슷비슷한 풍경이
끝없이 이어진다.

이 너른 땅에서 나무를 심고 조림장을 가꿀 때는 몇 가지 원칙과 순서가 있다. 우선 토지문제를 해결해야 한다. 드넓은 허허벌판에도 땅 주인은 있다. 개인 소유의 땅도 있고, 국가 소유의 땅도 있다. 나무를 심고 숲을 이루면 더 이상 개발할 수 없는 보전지역이 되기 때문에 토지 사용에 대한 허가를 받고, 사용료와 세금도 지불해야 한다. 그 다음엔 울타리를 친다. 울타리는 조림장의 위치와 면적을 표시하는 구분점이자, 유목민들이 키우는 가축과 야생토끼 같은 동물이 조림장으로 들어와 나무의 싹을 뜯지 못하도록 하는 최소한의 장치이기도 하다.

울타리를 친 뒤에는 우물을 판다. 몽골은 연강수량이 250㎜에 지나지 않는다. 이 건조한 땅에서 나무를 가꾸기 위해서는 반드시 물이 있어야 하고, 지하수를 끌어 올릴 수 있는 우물을 파야 한다. 지표면은 건조하지만 어느 땅을 파든 다행히 지하수는 있다. 그리고 나무에 물을 줄 수 있는 관수 파이프를 설치한다. 그 뒤 구덩이를 파고 나무를 심는다. 나무는 여러 해에 걸쳐 단계별로 심는다. 나무를 심고 관리하는 일은 주로 가까운 지역에 사는 주민들이 맡는다.

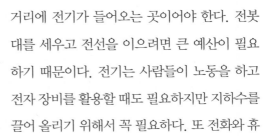

조림장을 결정하기 전에 먼저 고려해야 할 문제도 있다. 최소 500m 이내 거리에 전기가 들어오는 곳이어야 한다. 전봇대를 세우고 전선을 이으려면 큰 예산이 필요하기 때문이다. 전기는 사람들이 노동을 하고 전자 장비를 활용할 때도 필요하지만 지하수를 끌어 올리기 위해서 꼭 필요하다. 또 전화와 휴

대전화 같은 통신이 되는 곳이라야 연락을 주고받을 수 있다.

　　조림장에서 나무를 심을 때도 순서가 있다. 우선 강한 바람과 미세먼지 속에서도 생존력이 강한 느릅나무와 버드나무, 포플러 나무를 심는다. 느릅나무는 강한 바람에 잘 견디고, 버드나무는 물을 좋아하지만 물빠짐이 좋지 않아도 잘 자란다. 몽골 포플러 나무는 추위에 강하고 토양개량에도 도움을 준다. 이렇게 방풍림이 조성되면 그 안쪽에 차차르간과 우흐린누드를 심는다. 비타민나무라고도 하는 차차르간 나무와 산포도 같은 열매가 맺히는 우흐린누드가 자라서 열매를 맺으면 지역 주민들이 열매를 수확하고 가공해서 생계에도 도움이 되고 숲을 계속 가꿀 수 있는 좋은 기반이 될 것이다.

두 마리 토끼를 잡는 법

　　"휘~익."

　　열심히 나무를 심다가 잠시 허리를 폈다. 때마침 회오리바람과 함께 누런 흙먼지가 일었다. 순간, 바람 반대방향으로 등을 돌렸다.

　　"아이고, 캑캑."

　　어느새 흙먼지는 눈과 코, 입 속으로 인정사정없이 들어왔다. 눈에는 눈물이 그렁그렁하고, 입 안에는 모래알이 서걱거렸다. 눈물을 닦고 바라보니 초원에는 이제 막 뿌리 내린 어린 나무들이 빼곡했다. 잠시 들렀던 우리가 심은 나무는 몇 그루에 지나지 않지만, 그 뒤를 이어 이 초원에 나무를

인간과 지구의
공존 프로젝트

심는 사람들이 있다. 이 숲을 가꾸는 진정한 주인, 칭기즈칸의 후예들이다.

초원에 조림지가 들어서자 이곳을 관리할 정착민들이 자리 잡았다. 에르덴 조림지에는 몽골 민족의 전통가옥인 게르 10동이 들어서고 20여 명의 주민들이 사는 '하늘마을'이 들어섰다. 조림지를 가꾸기 위해 구덩이를 파고 묘목을 심고 물을 주고 관리하는 일자리가 생기자 사람들이 이곳에 정착하게 된 것이다. 도시로 떠났던 자녀들도 하나둘 돌아왔다. 초원에 나무를 심는 일이 사막화 방지뿐 아니라 일자리 창출이라는 두 마리 토끼를 한꺼번에 잡고 있는 셈이다. 하늘마을 사람들에게 나무 심는 방법과 숲 가꾸는 법을 알려주는 일은 푸른아시아 몽골지부가 담당하고 있다.

한국 사람들이 찾아와 꾸준히 나무를 심는다는 것이 알려지자 사람들은 인근 에르덴솜 초등학교와 기술학원 앞마당에도 나무를 심기 시작했다. 너른 초원을 옮겨 다니며 목축을 하던 유목민은 땅을 일구고 식물을 가꾸는 경작은 하지 않았다. 그러나 전 국토의 91%가 사막화되고, 동물들이 물을 마셔야 할 호수와 냇물을 찾기가 점점 더 어려워지고, 여름이면 어른 키만큼 자라던 풀이 겨우 무릎 정도까지만 자라자 기후변화의 심각성에 대해 인식하게 되었다. 그리고 한국 사람들이 왜 몽골 초원에 나무를 심는지에 대해서도 관심을 갖게 되었다.

"나무를 심는 걸로 끝이 아니라 잘 자랄 수 있게 관리해야 한다는 것을 한국 사람들에게 배웠습니다. 매우 고맙게 생각합니다."

몽골 정부의 환경녹색개발부 바트 볼트 국제협력국 국장은 이렇게 말했다.

"어, 비가 내렸어요. 비가…."

나무 심기 행사를 마치고 돌아온 다음 날 아침, 숙소 창문을 열자 건너편 건물 옥상과 도로 바닥이 촉촉하게 젖어 있었다. 이렇게 반가울 수가…. 우리가 심은 나무들도 이 비를 맞고 있겠지? 몽골 유목민들은 비가 오면 우산을 쓰지 않는다. 하늘에서 오는 비는 반갑고 좋은 것이라서 기쁘게 맞는다고 한다.

내가 심은 나무는 이 팍팍한 땅에 굳건하게 뿌리 내리고 아름드리나무로 자랄 수 있을까? 나무들이 자라 울창한 숲을 이루면 황사바람을 굳건하게 막아줄 방풍림이 되고, 척박한 모래땅을 줄이는 중요한 일을 하게 되겠지? 십 년 뒤 우리가 다시 찾아왔을 때, 이 땅은 과연 어떻게 변해 있을까? 우리가 몽골 초원에 심은 것은 튼튼하게 뿌리 내릴 나무들과 미래를 위한 희망이었다.

＊ **사막화 방지를 위해 노력하는 단체**
에코피스아시아 www.ecopeaceasia.org
중국과 몽골에 숲을 만들고, 중국 남부해안에 맹그로브 숲을 복원하는 등 사막화 방지와 습지 보호, 기후변화 문제를 극복하기 위해 다양한 활동을 하고 있다.

푸른아시아 www.greenasia.kr
사막화가 진행 중인 몽골의 여러 지역에 조림장을 만들고 지역 주민들이 숲을 가꿀 수 있도록 다양한 활동과 교육을 하고 있다. 몽골 초원에 나무 심는 행사와 여행 프로그램도 운영하고 있어 누구나 신청하여 함께 나무를 심을 수 있다.

◉ 함께 읽으면 더 좋은 책
《사막에 숲이 있다》 이미애 지음 / 서해문집
《지구의 미래로 떠난 여행》 마크 라이너스 지음 / 돌베개

인간과 지구의
공존 프로젝트

환경
난민。

"문제를 일으킨 건 선진국인데, 당하는 건 우리지요. 우리는 잘못을 저지르지 않고도 기후변화의 최전선에 배치되고 말았어요."

투발루의 한 주민은 이렇게 말했다. 태평양의 섬나라 투발루는 기후변화로 바닷물이 점점 차오르면서 국토 면적이 좁아져 생사의 기로에 서 있다. 물론 투발루 사람들도 오토바이와 배, 디젤 발전기로 얻는 전기 등으로 온실가스를 배출하고 있지만 선진국에 비하면 매우 적은 양이다. 영국인들은 투발루 사람보다 평균 20배 이상의 온실가스를 배출하고, 호주인들은 30배 이상을 배출한다.

방글라데시에서는 홍수와 열대성 폭풍 등 기후재난으로 바닷가에 살던 사람들이 하루아침에 집을 잃었다. 집을 잃은 이들은 방글라데시의 수도인 다카로 가서 인력거인 릭샤를 끄는 최하층민이 되어 고된 하루하루를 보낸다. 이런 가난의 굴레는 자식들에게도 이어진다. 기후변화에 관한 정부간협의체IPCC 보고서는 2050년 방글라데시 국민 2,200만 명이 기후난민이 될 것이라고 전망했다.

이뿐 아니라 영구동토층인 빙하가 녹으면서 집이 기우뚱하게 기울어 곧 보금자리를 떠나야 하는 알래스카 사람들도 있고, 몽골 유목민들은 사막화가 진행되면서 풀이 예전처럼 무성하게 자라지 않고 호수와 냇물도 말라버려 점점 더 먼 곳으로 이동하면서 힘겹게 목축을 이어가고 있다. 이렇게 기후변화 때문에 집이나 일자리 같은 생활기반을 잃은 사람들을 환경난민, 기후난민이라고 한다. 이들이 배출하는 온실가스의 양은 미미하지만 환경문제로 인한 피해는 온몸으로 겪고 있다.

그렇다면 기후변화는 왜 일어나는 것일까? 동그란 모양의 지구는 수많은 기체들이 감싸고 있다. 태양에서 따뜻한 열에너지가 닿으면 일부는 지구의 땅과 바다를 데우고 일부는 반사되어 우주로 다시 날아간다. 이때 지구를 감싸고 있는 기체들이 열에너지를 붙잡아두어 따뜻한 온실 구실을 한다고 해서 '온실가스'라고 부른다. 이 온실가스 때문에 열이 모두 우주로 날아가지 않고 지구의 온도를 평균 15도로 유지시켜 준다. 이 온실효과가 없다면 지구는 너무 추워서 살기 힘들 것이다. 그런데 산업화가 진행되면서 사람들이 배출한 온실가스가 점점 늘어나 지구의 온도가 점점 높아지게 되었고, 이것을 지구온난화라고 한다. 온실가스가 늘어나는 것은 사람들이 에너지를 너무 많이 쓰고 있기 때문이다. 인간의 활동 때문에 발생하는 온실가스는 이산화탄소, 메탄, 아산화질소, 수소불화탄소, 과불화탄소, 육불화황 등이 있는데, 그중 이산화탄소 발생량이 급격하게 늘었다. 이산화탄소는 자동차와 비행기가 움직일 때, 집이나 회사에서 보일러를 돌릴 때, 공장에서 물건을 만들 때, 화력발전소에서 석유와 석탄, 천연가스 같은 화석연료를 태울 때 등 우리 생활 곳곳에서 배출되고 있다. 또 건물을 짓고 도로를 닦기 위해 나무를 베고 숲을 없애면서 이산화탄소가 산소로 바뀌지 못한 것도 중요한 원인이 되고 있다.

온실가스는 기후에도 영향을 미친다. 지구의 온도가 올라가 빙하와 만년설이 녹고 구름과 강수량에도 영향을 미치고, 바닷물의 수온과 염도가 변하고 해양순환도 영향을 받는다. 이 과정에서 기상이변이 생겨 가뭄과 태풍, 홍수, 회오리바람, 산사태, 해일과 같은 자연재해를 일으키고 그 피해 때문에 환경난민이 생겨난다. 또 지구의 기후체계를 뒤흔들어 기후를 예측할 수 없게 만들고 있다. 세계 곳곳에서는 이런 기상이변이 해마다 더 자주, 더 넓은 지역에서 발생하고 있다. 기후변화의 피해를 줄이고 환경난민을 살리는 일, 비록 작은 일이더라도 우리가 당장 행동으로 옮겨야 하고, 국제사회가 함께 힘과 지혜를 모아야 한다.

이젠
새로운 여행이 필요해

"비파가 이런 맛이었어요? 정말 맛있어요."

바닷가에서 숲길로 접어들어 논을 지나고 작은 숲 터널도 지나자 우지모토 씨네 비파 과수원이 모습을 드러냈다. 아담한 과수원은 소중한 보물을 꼭꼭 숨겨놓듯이 숲 터널 안쪽에 비밀의 정원처럼 자리 잡고 있었다. 나무에서 직접 따서 먹는 비파 열매는 싱싱하고 상큼했다. 주황빛이 감도는 비파 열매는 모양도 맛도 딱 살구인데 씨앗의 모양이 달랐다. 비파 재배는 이 섬의 주 수입원이다. 세상의 모든 과일을 가리지 않고 좋아하는 나는 나무를 올려다보며 정신줄을 놓은 듯이 열매를 따서 허겁지겁 입에 넣었다. 과일 나무에서 직접 따 먹는 싱싱한 이 맛은 황홀 그 자체로다. 그런데…,

"앗, 따가워! 아이고, 가려워."

정신줄을 놓지 말고 꽉 붙잡으라는 듯 모기들이 인정사정없이 침을 쏘았다. 모기를 쫓으랴 비파 열매를 따랴, 발을 동동 구르는 웃기는 장면이 연출되었다. 모기 물린 자리는 빨갛고 매우 크게 부풀어 올랐다. 우리 일행은 쫓겨나듯이 비밀의 정원을 도망쳐 나왔다. 그리고 바닷가 방파제에 나란히 걸터앉아 모기에 물린 자리에 서로 약을 발라주며 마을을 바라보았다. 아담하고 고요한 섬 마을 풍경이 한눈에 들어왔다. 평화롭다는 것은 바로 이런 곳을 두고 한 말일까?

여기는 일본 야마구치 현 이와이시마祝島, 하트 모양으로 생긴 섬에 420여 명이 모여 사는 작은 섬이다. 우리는 이 섬에서 매우 특별하고 아름다운 여행을 했다. 이와이시마는 겉으로 보기엔 평온해 보이지만 여느 한적한 섬 마을처럼 그저 평화롭지만은 않다. 우리가 찾아간 날은 월요일이었는데 월요일 저녁이 되면 섬사람들이 모두 방파제 앞 공터로 모여 시위를 벌인다.

"아름다운 고향을 지키자!"

"아름다운 바다를 지키자!"

"원전 반대 에이에이오!"(에이에이오는 추임새)

할머니와 할아버지, 청년들과 임산부, 동네 꼬마들까지 섬마을 골목길을 돌면서 원자력발전소 건설 반대를 목소리 높여 외쳤다. 이 마을의 평균 연령은 79세, 거동을 하지 못해 집 안에 있는 노인들도 다 들을 수 있는 매우 우렁찬 시위였다. 시위는 저녁 6시 30분에서 7시까지 딱 30분 동안 깔끔하게 진행하고 끝났지만, 이 시위는 무려 30년 동안이나 계속되고 있다. 카미노

세키 원자력발전소 예정지는 이 섬이 아니라 건너편에 바라다 보이는 나가이시마長島인데, 나가이시마보다 이 섬에서 더 잘 보이는 위치라고 한다. 만약 원자력발전소가 들어서고 가동을 시작하면 발전소에서 배출하는 온배수(화력 또는 원자력발전소에서 수증기를 냉각하는 데 사용한 후 바다에 내보내는 따뜻한 물) 피해도 이 섬 앞바다가 고스란히 받게 된다.

나가이시마 주민들은 이미 보상금을 받아서 더 이상 원전반대 운동을 하지 않지만, 이와이시마 사람들은 일본 정부와 전력회사가 제시한 어업보상금을 거부하고 온갖 회유와 압력에 맞서면서 원전 반대를 외치고 있다. 대규모 시위는 아니지만 그래도 명색이 시위인 시위인지라 마지막 배를 타고 경찰 2명이 섬으로 들어와 시위대와 동행했다. 한국에서 간 우리 일행 10여 명도 '수명 끝난 원전 폐쇄'라고 적힌 노란 종이를 들고 동참했는데 덕분에 오늘은 국제시위로 규모가 커졌다.

원자력발전소가 들어서면 피해를 보게 될 이 바다는 조선통신사가 지나가던 곳이라 우리나라와도 인연이 있는 곳이다. 이곳 섬사람들은 4년에 한 번씩 무사안녕을 기원하는 큰 굿판인 '가구라 축제'를 벌인다. 1,200년 전통을 이어온 이 축제를 보기 위해 섬에서 자란 사람들과 관광객들까지 3,000여 명이 찾아온다. 섬에는 400채가량의 집이 있는데 200채에만 사람이 살고 나머지는 비어 있다. 이 전통행사를 보기 위해 찾아오는 손님들이 묵을 수 있도록 섬사람들은 빈 집 관리를 꾸준히 하고 세금도 내고, 굿을 하는 무당들을 초대하기 위해 공동 저축도 하고 있다. 이렇게 정성을 쏟을 만큼 섬사람들에게는 공동체의 정체성을 찾아주는 매우 중요한 전통행사이다.

돼지가 있어 가능한 지속가능한 삶

　　이와이시마 사람들은 원자력발전 반대 운동에 그치지 않고 에너지 자립에 대해서도 고민하고 있는데, 지붕에 태양광 집열판을 설치하여 태양이 만든 전기를 생산하고 있다. 우지모토 씨네 집에서도 태양광 전기로 등을 켜고, 방처럼 깨끗하고 물을 쓰지 않는 건식 화장실엔 태양광으로 얻은 전기로 발효 설비를 돌려서 분뇨를 쌀겨, 낙엽, 풀 등과 섞어 냄새가 나지 않는 자연 퇴비로 만들고 논밭의 거름으로 쓴다.

　　우지모토 씨네 집 아래채 건물에는 이 섬에서 딱 하나뿐인 식당을 운영하고 있다. 섬에 귀촌한 요리사가 작은 식당을 운영할 수 있도록 배려한 것이다. 히로시마 출신으로 요리공부를 한 요시카와 타카코(사람들은 타카짱이라고 부른다.) 씨가 일주일에 딱 4일만 식당을 열고 있다. 반드시 예약을 해야 음식재료를 준비할 수 있고 식당이 좁아서 8명 이상은 받을 수가 없는데, 먼 곳에서 온 우리를 위해 특별히 예외를 허락했다고 한다. 타카짱은 낼모레 아흔인 할머니들의 일손을 거들면서 손맛을 이어받고, 할머니들이 직접 키우고 저장한 음식재료를 받아서 손님들의 식탁을 차린다.

　　뜨거운 볕이 내리쬐는 마당에는 동그란 태양광 조리기가 놓여 있고, 조리기 한가운데에 올려놓은 냄비가 보글보글 끓기 시작했다. 태양의 기운을 받은 두부와 감자, 버섯을 섞은 조림이 깊은 맛으로 익고 있었다. 타카짱은 오늘 우리가 먹을 음식의 재료를 누가 어떻게 생산했고 어떻게 요리했는지를 종이에 가지런히 써서 매우 자세하고 친절하게 알려주었다. 하야시 아저

씨네 쌀, 시케짱 할머니의 감자, 목수 아저씨가 낚시로 잡은 물고기…, 설명을 듣고 있자니 배에선 꼬르륵 천둥소리가 울려댔다. 요리 재료에 대한 타카짱의 설명이 꽤나 길어서 상다리 휘어지게 차린 푸짐한 요리가 나올 거라 상상했는데, 역시 일본음식은 양이 적다. 그러나 밥과 국, 반찬을 정갈하게 차린 음식에선 매우 깊은 맛이 났다. 우리는 밥공기에 구멍이 날 정도로 싹싹 긁어 먹고, 반찬도 남김없이 말끔하게 비웠다.

사실 이 섬에서는 음식을 남기더라도 음식찌꺼기를 처리할 걱정은 하지 않아도 된다. 집집마다 요리하고 남은 음식찌꺼기나 상한 음식은 골목에 있는 음식물 수거통에 넣는다. 이 플라스틱 통에 음식찌꺼기가 모이면 우지모토 씨는 마을 반대편에 있는 돼지 방목장으로 가져가 돼지들에게 먹인다. 음식찌꺼기 중에 가끔 돼지에게 먹이면 안 되는 음식이나 가공식품이 섞여 있는데, 이것을 손으로 하나하나 골라낸 뒤 돼지들에게 준다. 생선 대가리와 내장은 방파제 위에 올려놓아 지나가던 물새도 먹게 해준다. 이것이 익숙해졌는지 우지모토 씨가 돼지 방목장에 나타나자 돼지들이 꿀꿀거리며 몰려들고 저 멀리에선 물새도 대기하고 있었다.

이 섬이 고향인 우지모토 씨는 도시에서 농대를 졸업하고 홋카이도에서 대규모로 돼지를 키우다가 연세가 높은 부모님을 보살피기 위해 7년 전 고향으로 돌아왔다. 이곳에 올 때 돼지 2마리와 송아지 2마리를 데려왔는데, 돼지들이 음식쓰레기를 먹어 치우기 때문에 섬사람들은 음식쓰레기 처리 고민을 덜었다. 그뿐만이 아니다. 섬사람들은 비파와 고구마 농사를 짓는데 이것을 제때 내다 팔지 못하면 모두 버려야 했다. 이것도 돼지들이 깔끔하게

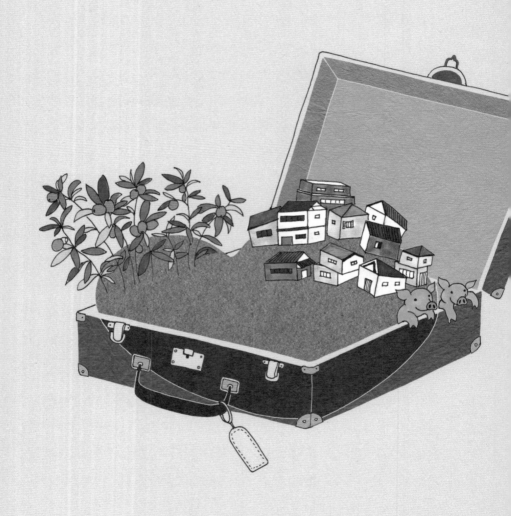

먹어서 해결해주니 걱정을 덜었다. 지금 우지모토 씨는 돼지 10마리와 소 한 마리를 키우고 있는데, 사람들이 남긴 음식을 먹어 치울 정도로 섬 규모에 맞게 돼지를 키우는 것이 적당하다고 생각한다.

바닷가 바로 옆에 있는 돼지우리는 앞에는 태평양 바다가 펼쳐지고 뒤에는 숲이 우거진 세상에서 가장 전망 좋고 자유가 보장된 돼지우리이다. 돼지우리 특유의 지독한 냄새도 나지 않고 파리 같은 벌레도 없다. 돼지들은 사람들이 버린 음식찌꺼기와 과일을 실컷 먹고 똥을 싸고, 그 똥에서 싹이 튼 토마토와 호박이 자라 열매를 맺으면 사람들이 다시 먹는 순환농법을 가능하게 해준다. 돼지들 덕분에 이 섬에서는 지속가능한 삶이 이어지고 있다. 돼지들은 섬에서 나는 것만 먹고 면역도 강해서 대규모 농장에서 사용하는 항생제도 사용하지 않는다. 이런 유기축산 방식으로 얻은 돼지고기는 도쿄의 고급레스토랑에서 시중가보다 3배나 비싼 가격에 사 간다. 그래서 우지모토 씨는 돼지를 더 많이 키울 필요도 없고 비싼 사료를 먹일 필요도 없다고 했다.

여행자는 즐겁고, 여행지엔 보탬이 되는 여행

우리는 마을 곳곳을 조용히 둘러보고 전교생이 딱 2명뿐인 초등학교에도 들렀다. 교실에선 아이들이 시험을 치르고 있었는데, 시험이 끝나자 선생님은 아이들과 우리가 이야기를 나눌 수 있게 해주셨다. 아이들이 한국 사람들과 얘기하며 이웃나라를 이해하게 하는 것도 좋은 수업이라며 기뻐하

셨다. 아이들과 깔깔 웃으며 한국인과 일본인 서로에게 궁금한 점을 묻고 칠판에 그림도 함께 그렸다. 저녁식사 시간에는 섬에 사는 어른들과 청년들이 우리와 함께 식사를 하면서 섬 생활과 서로의 나라에 대한 이야기를 나누며 교류했다. 생선은 어떤 방식으로 잡았고, 곡식은 어떻게 농사지은 것인지 직접 노동을 한 분들의 이야기를 들으며 식사를 하니 평범해 보이던 음식이 의미 있게 다가오고 맛의 여운도 길었다.

우리는 섬사람들이 농사지은 먹을거리를 먹고, 섬에서 운영하는 조용하고 정갈한 게스트하우스에서 편안히 쉬었다. 섬에 딱 하나 있는 작은 카페에서 차를 마시고, 섬마을에 딱 2개 있는 구멍가게에서 군것질거리를 사고, 섬의 특산물인 비파잎차도 샀다. 우리가 이곳에서 쓴 숙박비와 식비 같은 돈은 고스란히 지역 사람들에게 혜택이 돌아갔다. 조용하고 아름다운 섬 이와이시마는 일본 사람들도 방문하고 싶어 하는 섬이다. 하지만 섬사람들은 많은 관광객이 찾아오는 것을 원하지 않는다. 섬에 단 하나뿐인 식당에서 식사를 할 수 있는 8명이 하루 방문객의 적정수이고, 많은 손님들이 찾아오면 섬에 무리를 준다고 생각한다. 우리 일행은 한국인과 일본인을 포함해서 모두 13명이었는데, 식당 예약을 받은 타카짱은 처음에 너무 많다고 생각했다고 솔직하게 말했다.

섬을 떠나는 날, 짐을 챙겨 부두로 나왔다. 푸른 바닥이 훤히 보일 정도로 바다는 맑고 깨끗했다. 원자력발전소 계획이 취소되고 섬사람들이 이 바다를 지킬 수 있기를, 지금처럼 이곳을 지키며 건강하게 살 수 있기를 기원했다. 한국 손님들이 떠난다는 소식에 섬사람들은 하나둘 부두로 나왔다.

우지모토 씨와 멋진 요리사 타카짱뿐 아니라 게스트하우스 주인과 카페 주인 등 우리가 만났던 섬사람들이 모두 부두로 나와 따뜻하게 배웅했다. 우리가 탄 배가 서서히 출발하자 섬사람들은 두 팔을 번쩍 들어 힘차게 흔들면서 감사의 인사를 전했다. 이와이시마 사람들이 한 점이 되어 멀어질 때까지 우리도 힘차게 손을 흔들어주었다. 참 좋은 섬을 보았고 오래도록 기억될 참 좋은 여행이었다.

여행자의 윤리를 지키는 몇 가지 방법

1. 공정여행이나 생태여행을 지향하는 여행사나 현지인이 운영하는 여행 상품을 예약한다.
2. 현지인이 운영하는 깨끗하고 소박한 친환경 숙박시설을 선택한다.
3. 천천히 걸으면서 둘러보고 지역의 대중교통을 이용한다.
4. 지역음식을 먹는 것은 즐거운 문화체험. 현지인이 운영하는 로컬푸드 식당을 이용한다.
5. 기념품은 지역 사람들이 만든 가공품과 수공예품을 선택하고, 전통시장을 이용한다.
6. 지역 생산품이더라도 희귀동식물로 만든 기념품이나 보신음식은 절대 금지!
7. 지역 사람의 집을 방문하거나 만나서 그들의 이야기를 듣고 교류하는 시간을 갖는다.
8. 여행 국가의 문화와 환경, 종교 등을 이해하는 시간을 갖고, 전통문화 공연을 구경한다.
9. 지역의 공익단체를 방문하고, 기부에 적극 참여한다.
10. 내가 오기 전과 다르지 않도록 쓰레기나 낙서 같은 흔적을 남기지 않는다.
11. 여행의 일정과 느낌을 사진과 기록으로 정리하면 여행의 여운이 오래 남는다.

◉ 함께 읽으면 더 좋은 책
《섬 택리지》 강제윤 지음 / 호미
《통영 섬 부엌 단디 탐사기》 김상현 지음 / 남해의봄날
《희망을 여행하라》 임영신 외 지음 / 소나무
《희망을 찾아 떠나다》 김이경, 주세운 지음 / 소나무

더 알아보기

여행자
윤리。

식사가 끝난 후 정운 씨는 롯지의 식탁에 혼자 앉아 뭔가를 열심히 접고 있다. 가까이 다가가 보니 라면봉지를 꼬깃꼬깃 접어 딱지 모양을 만들고 있다.

"뭐하는 거예요?"

"이 라면은 한국에서 가져온 거예요. 라면봉지 쓰레기도 당연히 한국으로 되가져가야죠."

아! 어떻게 이런 생각을 할 수가 있지? 뭔가로 머리를 얻어맞은 듯했다.

우리는 지금 운 좋게도 히말라야 안나푸르나를 향해 걷고 있다. 정말 운 좋은 여행이었다. 가난한 우리가 꿈에나 그리던 히말라야의 차고 맑은 공기를 마시고 있다니…. 더구나 첫 해외여행에 이런 횡재를 얻다니 하루하루가 꿈을 꾸는 것 같았다. 아침에 일어나면 마을 저 멀리에 희미하게 그려진 히말라야 만년설산이 조금씩 다가오고 점점 또렷해졌다. 그 설산에 아침 햇살이 비치고, 저녁 해가 비칠 때마다 다른 빛깔로, 다른 표정으로 다가왔다. 날마다 가슴이 설렜다.

사람들은 말했다. 이 세상 사람들을 두 부류로 나눌 수 있다. 히말라야를 본 사람과 보지 못한 사람! 하지만 세계의 지붕이라는 위상에 걸맞게 히말라야 트레킹은 호락호락하지 않았다. 4,130m나 되는 히말라야 안나푸르나 베이스캠프까지 걸어갔다가 되돌아올 때까지 체력을 잘 조절해야 하고, 행여나 고산증이 나타나지 않을까 고지대에 적응하기 위해 매우 천천히 올라가야 한다. 이런 때에 짐을 줄여도 모자랄 판에 쓰레기까지 챙기겠다니…. 그 자리에서 나는 무척 신선한 충격을 받았다.

그때까지만 해도 나는 휴지는 휴지통에, 쓰레기는 쓰레기통에 잘 버리면 성숙한 시민이라고 생각했다. 정운 씨의 말을 듣고 가만 생각해보니 지구촌 사람들 누구나 꿈에 그리는 이 아름다운 곳에 쓰레기를 남기고 가서야 될까 하는 생각이 들었다. 잘 분류해서 버리는 것에 그치지 않고, 내 흔적을 남기지 않는 것이 진정 히말라야를 사랑하는 길이라는 걸 그 라면봉지를 보고서야 깨달았다.

여행 배낭을 꾸릴 때마다 그 말이 생각났다. 강렬한 첫 해외여행 후 나는 해외출장이나 섬 여행을 갈 때면 짐을 더 세심하게 꾸렸다. 그러니까 정확하게 말하자면 되도록 가볍게, 짐을 덜 챙기는 방법을 택했다. 자칫 무거운 짐은 여행길을 고생길로 만들기 십상이기 때문이다. 짐이 무겁고 거추장스러워지면 일회용품은 말할 것도 없고 멀쩡한 물건마저 어떤 핑계를 대고 어느 적당한 곳에 버릴까를 고민하게 된다. 챙기지 못한 물건 때문에 생기는 약간의 불편은 여행의 신선한 경험으로 삼기로 했다.

설레는 마음으로 떠나는 여행길, 나는 또 다른 목표를 세웠다. 그것은 바로 쓰레기를 최소로 줄이고 흔적을 남기지 않는 것! 쓰레기가 생길만한 것은 애초부터 챙기지 않고, 내가 가져간 물건 중에 어쩔 수 없이 만들어낸 쓰레기는 배낭에 넣어 되가져왔다. 그래봐야 쓰레기 부피는 한 주먹가량을 넘지 않았다.

지속가능한 여행, 공정여행

쳇바퀴 돌듯 지루한 일상을 탈출하고 싶을 때, 새로운 문화와 풍습을 배우고 싶을 때 여행만큼 좋은 것이 또 있을까? 여행은 설렘이고 자유이고 잠깐의 유토피아이다. 여행을 시작하는 순간, 평소엔 숨죽이고 있던 세포들이 활동을 시작하고, 들뜨고 흥분하는 호르몬이 팍팍 분비된다. 노곤하고 욱신욱신 쑤시던 통증도 싹 사라지고 기운이 팔팔해진다. 비록 일상은 팍팍하더라도 여행지에서만큼은 호사를 누리고 싶다. 그래서일까? 여행자를 바라보는 현지인들의 시각은 두 가지로 나뉜다. 지역경제를 살릴 반가운 손님, 소음과 쓰레기만 남기는 불청객! 즐거운 여행길에 우리는 왜 불청객 신세가 되었을까?

산행을 시작한 사람들은 정상에 빨리 오르기 위해 마음이 급하다. 남들이 가지 않는 곳, 잘 알려지지 않은 곳을 보려고 애쓰고, 짧은 일정 안에 아름다운 곳을 모두 둘러보려고 서두르고 재촉한다. 잠깐 보고 이동하고 또 잠깐 보고 이동하면서 일행들을 챙기느라 왁자지껄하다. 찬찬히 둘러보고 느긋하게 즐길 여유란 없다. 사람들이 떠난 자리엔 버리고 간 쓰레기만 가득하고, 자동차 매연만이 매캐하게 흩어진다. 관광객들이 줄지어 찾아오자 농사를 짓던 논은 주차장으로 메워지고, 동네 할머니가 운영하던 작은 구멍가게는 밀려나고 대기업에서 운영하는 크고 멋진 숙소와 식당이 들어섰다. 본래 이 땅에서 살던 사람들은 관광객이 늘어나자 소음과 쓰레기에 시달릴 뿐, 생활은 나아지지 않고 하나둘 떠날 계획을 세우고 있다.

이런 여행은 과연 지속가능할까? 그러자 여행의 문제점을 깨달은 사람들은 공정여행, 책임여행, 윤리여행을 힘주어 말하기 시작했다. 여행지에 사는 현지인과 자연의 생명들을 위해 여행자가 지켜야 할 책임과 윤리가 있다는 것이다. 그리고 여행자가 이용하는 숙소와 식당, 교통편, 기념품 구매 같은 비용이 거대자본을 가진 외지인이 아니라 지역 사람들과 지역 경제에 혜택이 돌아가서 이들이 계속 그곳에 살면서 지역을 지킬 수 있도록 공정하고 지속가능한 여행을 해야 한다는 것이다. 아름다운 자연을 파괴하거나 코끼리와 낙타, 말 같은 동물들을 학대하면서 즐기는 이기적인 여행이 아니라, 지역의 생활과 문화를 존중하며 우리의 방문이 그들의 삶에 즐거움이 되고 보탬이 될 수 있도록 의미 있는

인간과 지구의
공존 프로젝트

여행을 해야 한다. 양껏 먹고 마시고 즐기는 시끌벅적한 여행이 아니라 천천히 둘러보고 조용히 느끼는 소박한 여행을 떠나야 한다.

도로와 자동차가 발달하면서 주말과 휴일마다 고속도로가 심한 정체를 빚을 정도로 국내 여행자가 늘고, 공항을 이용하는 해외여행자의 수도 매우 가파르게 늘어나고 있다. 평생에 한두 번 가볼 수 있을까 했던 해외 유명 여행지를 연중행사처럼 찾고, 국경일과 휴일이 겹쳐서 연휴가 길어지면 해외여행을 떠나는 것이 일상화되었다. 그러나 여행자의 모습도 그만큼 성숙하고 있을까?

주변을 배려하지 않고 내 기분에 젖어서 큰소리로 노래 부르고 소리 지르진 않았는가? 남의 집과 현지인의 얼굴을 허락도 없이 촬영하진 않았는가? 먹고 마실 것을 차 트렁크 가득히 싣고 가서 실컷 먹은 뒤 쓰레기만 버리고 오지 않았는가? 우리만의 특별한 여행을 기념하기 위해 고대 유적지와 유명 문화재에 몰래 이름을 새기고 낙서를 하진 않았는가? 소중한 것이 바로 눈앞에 있더라도 그 가치를 아는 마음의 눈을 뜨지 않으면 끝내 보이지 않는다고 한다. 여행길에서 내가 즐거운 만큼 현지인도, 현지의 자연도 더불어 즐거울 수 있도록 긴 여운이 남는 공정여행을 떠나자.

✳ 공정여행의 길잡이가 되는 여행사
공감만세 www.fairtravelkorea.com
제주생태관광 www.storyjeju.com
착한여행 www.goodtravel.kr
트래블러스맵 www.travelersmap.co.kr

내 몸은
지구 사이즈

"아, 1㎝!"

발꿈치를 살짝 들 걸 그랬나? 양말 속에 키높이 깔창이라도 몰래 넣을 걸 그랬나? 건강검진을 받았다. 검진표에 적힌 내 키를 보니 참 짧다. 1㎝만 컸더라도 위로가 되었을 것을…. 편법이라도 쓸 걸 그랬나 아쉬움이 남는다. 수십 년 동안 열심히 먹고 싸면서 겨우 이것밖에 못 자랐구나. 그 많은 영양분은 다 어디로 갔을까? 어디에다 비축해두긴 두었겠지?

나는 작다. 어릴 적에도 작았고 커서도 작다. 학교 다닐 때도 늘 앞자리에 앉았다. 할머니의 이야기를 들어보면 처음 태어났을 때는 다른 아이들보다 큰 편이었다고 했다. 산모도 아기도 위험하다는 거꾸로 태어나는 묘기를 선보이며 나는 이 세상에 태어났다. 머리가 아니라 발부터 태어나는 바람에 태어나자마자 앉은 자세를 선보여 어릴 적 내 별명은 '앉은 양반'이었다. 막 태어났을 때는 다른 아기들보다 좀 큰 편이고 피부도 뽀얗고 맑아서 우리 할머니 표현을 빌리자면 '배꽃 같았다'고 했다. 하얀 배꽃…, 우리 집과 옆집 담장 사이엔 봄마다 하얀 꽃잎이 흩날리는 배나무가 있었다. 그 배꽃을 닮은 아기였다.

그러나 한겨울 모진 추위 속에 태어나서일까? 아이는 좀체 자라지 않았다. 다른 아이들은 쑥쑥 자라 해마다 새 옷을 입어야 했지만 나는 입던 옷으로 여러 해를 날 수 있었고, 이곳저곳에서 물려받은 옷이 많아 늘 옷의 품은 넓고 소매는 길었다. 힘도 약해서 마을 또래 친구들이랑 산과 들판을 뛰놀다 보면 힘이 부치곤 했다. 키가 작고 힘이 약한 것을 이용해서 사내 녀석들이 심한 장난을 치면 매우 아프게 꼬집거나 앙칼진 반응을 보이며 물리치곤 했다. 분하고 억울하고 약이 바짝 올라서 복수를 하고 싶은데 대응할 수 있는 건 고작 이런 것뿐이었다. 그래서 키가 작은 것을 매우 억울하다고 생각했다. 그러나 살면서 보니 작다고 해서 늘 불리한 것만은 아니었다.

키가 크고 늘씬한 사람이 옷을 입으면 옷맵시가 좋고, 긴 팔을 쭉 뻗어 선반에 있는 물건을 척척 올리는 걸 보면 부럽기도 했다. 농구 같은 운동을 잘하는 것도 멋있어 보였다. 그러나 그뿐이었다. 이 정도의 부러움은 키가 작아서 생기는 유리함으로도 얼마든지 상쇄할 수 있으니 말이다. 일단 작은 사람은 씻고 닦는 물이 적게 든다. 옷감도 적게 든다. 먹는 양도 적다. 작은 집과 작은 공간으로도 충분하고, 작은 차와 작은 의자로도 충분하다. 키는 내가 노력한다고 해서 갑자기 쑥쑥 자라는 것이 아니기 때문에 긍정적인 생각으로 바꾸기로 했다.

취재를 하러 제주 4·3항쟁의 피해지인 큰넓궤 동굴을 찾아간 적이 있었다. 얼굴을 땅에 바짝 붙여야 할 정도로 몸을 낮춰서 기어 들어가야 하는 거친 용암동굴이었다. 이틀 전 내린 봄비가 동굴의 고요함을 뚫으며 똑똑 떨어지고, 긴 나무뿌리가 동굴 안까지 내려와 있는 참 신비로운 동굴이었다. 4·3항쟁 때 마을 사람들이 토벌군의 눈을 피해 동굴에 숨어서 지내며 사용했던 옹기와 사기 그릇 같은 흔적도 간간이 찾아볼 수 있었다.

통일교육을 위해 파주시에 있는 제3땅굴을 견학했다. 가로 2m, 세로 2m가량의 이 좁은 땅굴에 주말을 맞아 수많은 관광객들이 찾아와 한 줄로 길게 줄을 서서 350m가량을 천천히 걸어 들어갔다. 내 앞에는 키가 큰 사람이 머리를 숙인 채 매우 어정쩡하고 불편한 자세로 걸었다. 체격이 큰 외국인도 울퉁불퉁한 천장과 안전 구조물에 머리를 자꾸 부딪치고 안전모가 벗겨졌다. 그러나 나는 어깨를 펴고 당당하게 걸었다. 땅굴 어디에도 부딪치지 않았다. 이렇게 우리 현대사의 생생한 현장인 동굴과 땅굴을 들어가려면 나처럼 작은 사람이 훨씬 유리했다.

비행기 안, 오랜 시간 좁은 공간에서 움직이지 못해 다리에 혈전이 생기는 것을 '이코노미클래스 증후군economy-class syndrome'이라고 한다. 우리처럼 작은 사람들에겐 그런 증후군이란 없다. 앉은키가 낮으니 극장이나 공연장에서 뒷사람에게 피해를 주지도 않는다. 엉덩이가 차지하는 면적도 좁아 버스와 기차, 지하철에서 옆 사람에게 피해 주는 일 없이 여유롭다.

직행버스 좌석에는 자동차 바퀴 부분의 바닥이 튀어 올라 유독 불편한 자리가 있다. 승객이 많은 날에는 일부러 그 자리에 앉기도 한다. 긴 다리 때문에 이 자리가 불편한 이들을 위한 통 큰 배려라고나 할까? 우리가 지구에서 차지하는 면적은 이렇게 작고, 지구에서 살아가는 데도 매우 유리한 체형이라는 사실!

생태발자국, 나에게 필요한 땅의 넓이

하루를 사는 동안 우리는 먹고 씻고 일하고 이동하면서 에너지를 쓰고 다양한 물건을 사용하고 쓰레기를 남긴다. 이렇게 인간은 살아가면서 크고 작은 생태발자국을 남긴다. 생태발자국은 우리가 소비하는 먹을거리와 집, 물건, 에너지 등 모든 자원을 생산하기 위해 드는 비용과 우리가 배출한 쓰레기를 처리하기 위해 드는 비용을 합하여 땅의 면적으로 나타낸 것이다. 즉, 한 사람이 지구에 얼마나 많은 흔적을 남기는지, 인간이 자연에 미치는 영향을 숫자로 나타낸 것이다. 이 개념은 1996년 캐나다 경제학자 마티스 웨커네이걸과 윌리엄 리스가 개발했다.

북극이나 사막 같은 곳을 제외하고 인간이 거주하고 이용할 수 있는 땅의 면적을 63억(1996년 무렵 기준) 인구로 나누면 1인당 1.8헥타르(5,445평)가 된다. 이것은 지구가 감당할 수 있는 한계치인데, 면적이 넓을수록 환경문제가 심각한 것이다. 이 개념을 토대로 2005년 12월 녹색연합이 발표한 생태발자국 보고서에 따르면, 한국인의 생태발자국 지수는 1인당 3.56헥타르 (11,818평)로, 지구에 사는 모든 사람이 한국인처럼 살면 지구가 2.08개 필요하다고 한다.

선진국으로 갈수록 이 면적이 넓은 것으로 나타났다. 일본인의 생태발자국 지수는 4.8헥타르, 영국과 프랑스인은 5.3헥타르, 캐나다인은 8.8헥타르, 미국인은 무려 9.7헥타르인데, 만약 지구촌 사람들이 미국인처럼 살면 지구가 5.39개나 필요하다고 한다.

지금까지 우리는 큰 것, 비싼 것, 고급스러운 것에 열광했다. 남들보다 앞서고 과시하면서 사는 것이 잘 사는 것이고 성공한 인생이라고 생각했다. 이런 과시욕은 경제력이 뒷받침되어야만 가능하기 때문에 많은 돈을 벌기 위해 점점 더 치열하고 고독한 경쟁을 하고, 이 경쟁에서 밀려난 사람들은 무능하고 무시당할 수밖에 없다고 생각했다. 그러나 진정한 행복을 누리기 위해서는 나 혼자의 행복보다는 함께 잘 사는 법을 선택해야 하고, 남을 위한 과시가 아니라 실용적이고 합리적인 소유를 해야 한다. 내가 남기는 생태발자국을 좀 더 줄일 수 있는 방법을 찾아야 한다.

생태발자국을 줄이려면 큰 집보다는 작은 집이 낫다. 한때 큰 집, 큰 평수의 아파트가 인기였지만 가족의 수가 줄어들면서 실용적인 집이 인기를 얻고 있다. 남에게 과시하기 좋은 넓은 집이 아니라 우리 가족에게 딱 맞는 집이 좋은 집이다. 작은 집은 냉난방을 위한 에너지가 적게 들고 청소하는 힘도 덜 든다. 불필요한 짐을 쌓아둘 곳이 없기 때문에 자연스레 정리하는 습관이 생긴다. 생활용품을 깔끔하게 수납하기 위해 갖가지 방법도 연구하게 된다. 1인 가족이 점점 늘어나고 있지만 혼자보다는 여럿이 사는 것이 생태발자국을 줄일 수 있다. 공동생활을 하면서 난방과 에너지 소비 등을 줄일 수 있기 때문이다.

작은 거실에 큰 텔레비전이 있고 거대한 냉장고가 주방을 차지하여 숨막히는 집이 있다. 이것이야말로 주객이 뒤바뀐 꼴, 집에서 전자제품을 모시고 살아야 할 이유도, 비싼 전자제품의 할부금을 갚기 위해 허덕일 필요도 없다. 내 생활에 딱 맞는 크기와 기능을 가진 합리적인 제품이면 충분하다. 유럽에서는 2인승 작은 차가 유행하고 있다. 자동차는 출퇴근용과 동네 마트를 오가는 정도로만 쓰고 있는데 4인승 큰 자가용은 낭비라는 것이다.

가까운 거리는 자전거를 타고, 전기를 충전해서 쓰는 전기자전거나 전기오토바이, 세그웨이같이 한 사람이 이동하는 데 충분하고 매연도 내뿜지 않는 생태이동수단을 이용하기도 한다.

70억 지구의 고민

인구가 곧 국력이라며 저출산 시대를 걱정하고 있지만 지금 지구는 늘어나는 인구 때문에 몸살을 앓고 있다. 기원전후 무렵의 세계 인구는 약 2억 내지 3억이었다고 추산하고 있다. 이후 중세 봉건시대에는 흑사병 같은 전염병이 유행하고 잦은 전쟁으로 많은 사람들이 죽어 인구가 그리 늘지 않았다. 그러다 18세기 중반 산업혁명 이후 의학과 농업이 발전하면서 세계 인구는 폭발적으로 늘어났다. 1804년 세계 인구는 10억을 넘었고 1927년 20억을 돌파했다. 1960년 30억, 1974년 40억, 1987년 50억, 1999년 60억 명을 돌파하였다. 2011년 10월 31일 유엔^{UN}은 세계 인구가 70억 명을 돌파했다고 공식 발표했다.

나와 내 가족이 건강하게 오래 산다는 것은 반가운 일이지만 지구 전체의 인구증가는 여러 환경문제로 이어진다. 이 많은 인구가 먹을 식량을 얻기 위해 오래된 숲을 베어내고 논밭을 일구어야 한다. 고기 소비량이 늘면서 소와 양, 돼지 사육 같은 목축이 늘어나고, 이 동물들이 먹을 사료를 생산하기 위해 많은 숲이 사라졌다. 우리가 좋아하는 원숭이와 코끼리, 코뿔소 같은 야생동물이 살고 있는 열대원시림은 파인애플과 천연 고무, 면화, 커피, 바나나 같은 열대 특산물을 재배하는 플랜테이션 농업을 위해 점점 드넓게 베어지고 있다.

사람들이 사용할 물건의 재료를 얻기 위해 새로운 원료생산지를 개발하고, 이런 개발은 물 오염과 토양 오염, 고된 노동착취 문제로 이어진다. 개발 후에는 제대로 복원하지 않고 관리도 하지 않아 사막화로 이어지기도 했다. 새로운 직장을 찾아 사람들이 도시로 몰려들면서 도시에는 주택이 부족하고, 공기 오염과 소음이 늘어나고 교통체증이 늘어나고 쓰레기 처리에도 골머리를 앓고 있다. 이런 환경문제는 기후변화와 에너지 고갈 위기, 미세먼지와 대기오염 등 다양한 형태로 우리에게 영향을 미친다. 지구촌에 사는 우리는 서로 깊은 연관을 맺으며 살고 있기 때문이다.

지금 이 순간 건강하고 행복하게 살고 싶다면, 다음세대인 아이들이 살아갈 세상을 생각한다면, 우리에게 닥친 환경문제를 함께 생각해야 한다. 지구에서 내가 차지하는 면적, 내가 소비하는 물건의 종류와 에너지의 양, 그것이 어디서 어떻게 생산되고 어떤 과정을 거쳐서 내게로 오는지, 내가 버린 뒤에는 어떻게 처리되는지에 대해서 알아야 한다. 그리고 우리 삶은 지금보다 훨씬 더 소박하고 간소해져야 한다. 지금까지 우리가 가졌던 고정관념에서 벗어나면 환경문제를 해결하는 여러 가지 해법도 찾을 수 있을 것이다.

작은 키라고 주눅 들지 말지어다. 작달막한 키와 새털 같은 몸무게를 가진 왜소한 당신, 모델처럼 크고 늘씬한 친구들 사이에서 주눅 들었던 당신, 이제 어깨를 쫙 펴라. 당신이야말로 이 지구 위기의 시대에 가장 적합한 표준 인간형이다. 또 작은 체격은 아니더라도 지금 자신이 가진 것에 만족하면서 꼭 필요한 것만 소유하고 쓰레기 배출을 확실하게 줄이는 당신이야말로 진정 지구가 원하는 아름다운 인간형이다. 하이힐이나 키높이 구두, 깔창 같은 가식 따위는 던져버리고 당당하게 세상으로 나서라. 그리고 지구를 위한 좋은 일에 매진하라! 당신이 할 수 있는 일은 이 지구상에 정말 많으니 말이다.

◉ 함께 읽으면 더 좋은 책
《3만엔 비즈니스 적게 일하고 더 행복하기》후지무라 야스유키 지음 / 북센스
《노 임팩트 맨》콜린 베번 지음 / 북하우스
《즐거운 불편》후쿠오카 켄세이 지음 / 달팽이출판

인간과 지구의
공존 프로젝트

1년을 기다려온
환경영화가 왔다

"죄송하지만 매진입니다."

이럴 수가…, 영화초대권만 있으면 곧바로 볼 수 있을 거라 생각해서 느긋하게 걸어왔는데 신호등을 지나 건너편 건물, 그것도 지하 2층에 있는 티켓박스까지 가서 표를 바꾸어 오란다. 그제야 헐레벌떡 뛰어 상영시간에 겨우 맞춰서 극장에 도착했다. 그런데 매진이라니…, 등에선 땀이 주르륵, 다리엔 힘이 풀려버렸다. 티켓 판매를 담당하는 직원은 매진이라는 말뿐, 더이상의 안내 없이 표를 세느라 여념이 없다. 분위기를 보아하니 더 이상 조르는 건 의미 없어 보였다. 평일 오후시간에 매진이라니 이렇게 인기 있는 영화였단 말인가? 그나저나 이렇게 돌아서선 안 되지. 얼마나 기다렸던 영화인데, 숨이 차도록 얼마나 열심히 뛰어왔는데 말이다. 이번엔 극장 입구에서 표를 받는 직원에게 다가가 영화를 볼 수 있는 방법이 없겠느냐고 부탁했다.

"그럼, 보조의자를 마련해드릴게요. 의자가 좀 불편하실 거예요."

직원은 흔쾌히 어딘가로 가더니 접이식 의자를 하나 가져왔다. 역시! 대한민국에서 안 되는 게 어디 있어. 기다렸던 영화를 보는데 의자가 좀 불편하면 어떠랴. 그렇게 캄캄한 극장 구석의 작은 의자에 앉았다. 영화는 이제 막 시작하느라 스크린이 밝아지고 있었다. 얼마 뒤 가슴이 탁 트이고 사람의 마음을 압도하는 놀라운 풍경이 펼쳐지기 시작했다.

영화의 제목은 〈얀 베르트랑의 여행, 목마른 대지〉, 아프리카와 유럽, 아시아까지 세계 대륙에서 펼쳐지는 신비롭고 장쾌한 물 풍경과 물 부족문제, 물 오염, 그리고 이 문제를 해결하기 위해 현장에서 뛰고 있는 활동가의 모습을 담은 다큐영화이다.

세차게 쏟아지는 폭포뿐 아니라 드넓게 흐르는 강, 건물과 주택으로 빼곡한 도시의 한가운데를 흐르는 강, 농업과 어업에서의 물 이용법까지 물이 만드는 다양한 풍경을 담고 있고, 화장실이 없는 나이지리아 빈민촌의 오염과 물 오염으로 생기는 수인성 질병을 막기 위해 '화장실 이용하기 캠페인'을 벌이는 활동가의 노력도 담고 있다.

'하늘에서 본 지구' 사진으로 더 유명한 프랑스 작가 얀 베르트랑은 헬리콥터를 타고 전 세계의 경이롭고 광활한 풍경을 사진으로 담아 세계 여러 도시를 순회하는 전시회를 열고, 사진집도 여러 권 출간하면서 활발한 활동을 하는 유명작가이다. 헬기에서 촬영한 얀의 사진에는 땅 위를 걷는 우리 시각으로는 보기 어려운 광경, 입이 떡 벌어지고 어안이 벙벙해질 정도로 웅장하고 광활한 지구의 풍경이 잘 담겨 있다. 그뿐 아니라 세계의 인구 증가와 환경, 도시와 도시 계획의 풍경, 세계의 농민들, 기후변화, 생물종 다양성과 생존문제 등 우리가 놓쳐서는 안 되는 지구촌의 환경문제를 생생한 사진으로 보여주고 있다. 2004년 서울 코엑스에서 열린 얀 베르트랑의 '하늘에서 본 지구' 전시회를 보고, 무려 7만 원이 넘는 매우 두껍고 무거운 사진집을 사서 우리 집을 찾아오는 친구들에게 보여주면서 이야기를 나누곤 했다. 그 후에도 사진전시회를 챙겨 보고 텔레비전으로 방영된 다큐멘터리도 챙겨보곤 했다.

영화가 끝나고 내친김에 물에 관한 영화인 〈워터마크〉를 한 편 더 보았다. 이 영화 역시 세계의 물 문제를 담고 있는데, 시원하게 흐르던 콜로라도 강이 바다까지 이르지 못하고 땅이 쩍쩍 갈라지는 황폐한 삼각주를 이루고, 방글라데시 다카의 가죽 공장에서 염색하고 헹구는 동안에 생기는 오염, 중국의 거대한 댐과 계단식 논, 미국 해변의 서핑 대회와 인도 갠지스 강에 3천만 명이 모이는 쿰브멜라 축제까지 다양한 지구촌의 물 풍경을 보여주었다. 또 그린란드에서 동토층을 연구하기 위해 2㎞가 넘는 깊이의 구멍을 뚫어 얼음을 채취하는 과정도 무척 신비로웠다. 물줄기만큼이나 시원하고 장쾌하게 펼쳐지는 장면을 보는 동안 우리가 씻고 닦고 마시는 물의 다양한 모습과 물 문화, 물 문제에 대해 자연스럽게 생각하게 되었다.

영화를 선택하는 나만의 비법

사실 내가 1년에 영화관에 가는 날은 손에 꼽을 정도로 드물다. 정말 보고 싶은 영화나 기다렸던 영화가 개봉하면 영화관을 찾지만 웬만하면 케이블 채널이나 인터넷으로 해결하고 만다. 영화관 가는 것을 연중행사쯤으로 생각하는 나도 해마다 5월이면 기꺼이 영화관을 찾는다. 하루에 두 편을 보기도 하고, 이틀 연속 영화관을 찾기도 한다. 심지어 친구들에게 영화관에 같이 가자고 권유하고 볼만한 영화를 골라주기도 한다. 바로 우리가 기다렸던 환경영화제가 열리기 때문이다.

칸 영화제, 베를린 영화제, 모스크바 영화제 같은 유명한 영화제도 많지만 나처럼 환경문제에 관심을 갖고 있는 사람들은 해마다 5월이면 찾아오는 서울환경영화제를 손꼽아 기다린다. '함께 사는 지구를 위한 영화 선언'이라는 주제로 2004년 처음 개막한 환경영화제는 2015년 12회를 맞이했다. 2015년 제12회 서울환경영화제에서는 총 47개국 113편의 환경영화를 상영했다. 서울환경영화제는 비경쟁영화제이지만 국제 환경영화 경선에 유일하게 경쟁부문이 있다. 2015년 이 경쟁부문에 세계 102개국에서 만든 환경영화 1,166편이 지원했는데, 이 중 까다로운 심사를 거쳐 19편이 관객을 만났다. 다양한 영화가 만들어진다는 것은 언제나 반가운 일이다. 환경영화는 다큐멘터리 형식이 가장 많은 편이지만 극영화, 애니메이션, 실험영화, 에코스릴러 등 다양한 장르로도 만들어지고 있다. 개막작과 그린파노라마, 한국 환경영화의 흐름, 지구의 아이들, 동물과 함께 사는 세상 등 여러 주제별로 나뉘어 상영하니 자신이 좋아하는 영화를 입맛대로 골라 보는 재미가 있다.

서울환경영화제는 8일 동안 100여 편이 넘는 영화를 상영한다. 넘치는 시간을 주체할 수 없는 백수라도 이 영화를 다 볼 순 없다. 그래서 내 나름대로 영화를 선택하는 비법과 기준이 생겼다. 일단 환경영화제가 시작되면 인터넷이나 영화안내서를 살펴보면서 내가 좋아하거나 궁금해하는 주제의 환경영화를 찾는다. 그중에서 다시 환경영화제에서만 볼 수 있는 영화, 여기가 아니면 볼 수 없는 영화, 특히 넓은 스크린이 있는 영화관에서 보면 더욱 감동 깊은 영화를 선택한다.

이렇게 환경영화제를 기다리는 것은 환경영화만의 장점과 감동이 있기 때문이다. 대개 영화는 생생한 항공촬영과 수중촬영, 접사촬영 등 다양한 장비와 기법으로 촬영한다. 그래서 그 현장에 가서도 직접 볼 수 없는 생생한 장면을 담고 있다. 태평양 푸른 물결이 일렁이는 가운데 힘차게 헤엄치는 고래를 사람의 눈높이로는 제대로 관찰할 수 없고, 항공촬영이라야 가능하다. 남극은 찾아가기도 어렵고 황제펭귄을 만나는 것은 더욱 어렵지만 환경영화에서는 펭귄의 번식과 육아 등 펭귄의 일상을 자세하게 들여다볼 수 있다.

환경현장을 취재하러 외국까지 잘 찾아갔더라도 언어는 매우 큰 장벽이다. 현지 주민들을 섭외해서 적절한 인터뷰를 하는 일도 만만치 않다. 그러나 환경영화에서는 내가 궁금해하는 장면과 자막이 친절하게 나온다. 또 꽃이 피는 시기나 물고기 떼가 회귀하는 계절과 시기를 맞춰서 정확한 장소를 찾아가야 하는데 이런 걱정을 할 필요도 없다. 이미 나와 같은 생각을 한 영화감독과 촬영감독이 멋진 항공촬영과 수중촬영으로 광활한 장면을 담아냈기 때문이다. 더구나 여러 나라에서 다양한 국적을 가진 감독들이 저마다 독특한 시선으로 영화를 제작했기 때문에 우리나라 환경과의 차이, 내 생각과의 차이도 비교해볼 수 있다.

무엇보다도 환경문제를 공부하고 이해하는 것은 복잡하고 어렵지만 영화는 매우 쉽다. 아름다운 영상을 감상하는 동안 환경이 우리에게 미치는 영향을 이해할 수 있기 때문에 환경을 공부하기에 영화는 가장 쉽고도 재미있는 방법이라고 할 수 있다. 그리고 내가 무엇을 해야 할지, 지금 우리에게 필요한 것은 무엇인지에 대해서 생각하게 해주고 행동으로 이끌어주기도 한다. 좋은 영화는 새로운 세상에 눈을 번쩍 뜨게 해준다.

환경영화, 지금보다 나은 세상을 꿈꾸다

몇 해 전 나는 빛공해에 관한 글을 쓰고 있었다. 당시 나는 우리나라 빛공해 사례뿐 아니라 외국의 사례도 궁금했다. 글 자료는 몇 가지를 찾았지만 실제 그 장면을 보면 더 확신이 생길 것 같았다. 마침 환경영화제에서 〈별을 삼키는 도시〉라는 영화를 상영하고 있었다. 알에서 깨어난 바다거북들이 지나치게 밝은 도시의 불빛 때문에 바다로 찾아가는 길을 찾지 못해 헤매고, 도시의 화려한 불빛 때문에 대륙을 이동하는 철새들도 길을 잃고 있었다. 또 인공불빛에 노출된 사람들과 기억에서 함께 사라져가는 수많은 별의 전설까지 생생하게 보여주었다. 빛공해는 서울뿐 아니라 화려한 네온사인이 빛나는 미국 맨해튼과 뉴욕, 파리 등 세계 유명 도시들의 공통적인 고민이라는 걸 영화를 통해 다시 확인할 수 있었다.

인도의 면화농장 이야기를 담은 〈고통의 씨앗〉 역시 마음이 묵직해지는 영화였다. 농부들은 토종 면화 씨앗보다 훨씬 더 많은 면화를 수확할 수 있다는 텔레비전 광고를 보고 다국적기업의 면화 씨앗을 사다 심었다. 그런데 목화에 새로운 병이 생겼고 그 병충해를 이겨내기 위해 비싼 농약을 뿌릴 수밖에 없었다. 예전보다 많은 수확을 기대했지만 빚만 늘어갔다. 더 이상 생계를 유지할 수 없다는 절망감에 빠진 농부들은 스스로 자살을 선택했다.

영화는 너른 면화농장과 농장에서 일하는 여인들, 농사를 짓기 위해 대출을 받으려는 농부와 자살한 가장 때문에 슬픔에 잠긴 가족들 등 다양한 이야기를 담고 있다. 유전자조작 씨앗으로 밭을 일구는 인도의 어느 마을에서부터 씨앗을 공급하는 거대기업, 기업의 든든한 후원자 노릇을 하는 미국 정부까지 면화를 중심으로 다양한 현장을 보여주었다. 영화가 끝나자 내가 입고 있는 면 티셔츠가 새롭게 보였다. 과연 이 옷은 깨끗할까?

우리나라 황윤 감독의 영화인 〈어느 날 그 길에서〉는 도로 위에서 교통사고로 죽어가는 야생동물 이야기를 담고 있다. 삵과 고라니, 뱀, 새 등 야생의 생명들이 왜 도로를 건너려고 했고, 어떻게 교통사고가 났는지, 로드킬 후에는 어떻게 처리되는지를 동물의 눈높이로 자세하게 보여준다. 지리산 주변으로 길게 이어진 도로에서 로드킬 조사를 하고 있는 최태영 씨는 로드킬을 발견할 때마다 지도 위에 점을 표시했다. 이 자료를 모으면 로드킬의 원인과 예방법을 찾는 중요한 자료가 될 것이라고 생각했다. 그런데 2년이 지나고 보니 그 점들이 모여 도로의 선과 이어지고 있었다. 로드킬은 모든 도로에서 너무 빈번하게 일어나고 있고, 교통사고로 죽는 동물의 종류도 매우 다양했다. 우리나라에 도로가 얼마나 많은지, 앞으로 도로계획은 얼마나 늘어날 것인지 등 고속도로를 시원하게 내달리면서 미처 생각지 못한 야생의 생명들에 대해 묵직한 주제를 던져주었다.

이런 영화를 보면 나는 옆에 있는 누군가와 이야기를 나누고 싶다. 나는 이런 생각을 했는데 너는 어떤 생각을 했느냐고 자꾸 물어보고만 싶다. 환경문제는 국경을 넘어 지금 이 순간을 사는 사람들이 다 함께 생각하고 행동해야만 하는 공통의 주제이다. 더 많은 관객들이 환경영화를 보면서 세계의 환경문제를 폭넓게 이해하는 의미 있는 시간을 가졌으면 좋겠다. 서울환경영화제 집행위원장을 맡았던 박재동 화백은 환경영화에 대해 이렇게 명쾌하게 말했다.

"환경영화제에서 상영하는 영화는 주제도, 소재도, 등장하는 인물도, 국가도 다르지만 말하고자 하는 것은 모두 같다. 우리는 지금보다 더 나아질 수 있다. 사람도, 동물도, 식물도 다 같이 함께 살자."

✱ **환경영상자료원 그린아카이브 greenarchive.tistory.com**
환경영화제 기간을 놓쳤다면 환경재단 환경영상자료원 그린아카이브에 문을 두드려보라. 기후변화, 삼림 보호, 생물다양성, 먹을거리 등 다양한 주제별 환경영화를 선정하여 달마다 무료 정기 상영회를 열고 있다. 또 학교와 시민단체, 공공기관, 기업과 연계하여 '찾아가는 상영회'를 열고 지역별 환경영화제나 전문가 강연, DVD 대여, 환경 관련 체험행사도 열고 있다. 신청은 환경재단 그린아카이브로 문의하면 된다.

01 덜 소유하고 더 잘 사는 법

✱ **플라스틱은 전혀 분해되지 않았다**

'바다로 간 플라스틱', 홍선욱, 2014 지속가능발전지도자 대학(푸른통영21 자료)

'붉은바다거북', 위키 백과 ko.wikipedia.org

'좌초된 뱀머리돌고래가 죽은 원인은?', 고래연구소 보도자료, 2013년 3월 12일

'플라스틱', 다음 백과사전 100.daum.net

'플라스틱 순환, 미래를 묻다', 〈작은 것이 아름답다〉, 2008년 11월호

✱ **설탕 한 봉지의 달콤한 힘**

'공정무역 달콤한 기적 ①~③, 굶주리는 필리핀 네그로스 사탕수수 농민', 허환주, 〈프레시안〉, 2012년 10월 29일 www.pressian.com

마스코바도 설탕, 두레생협연합 쇼핑몰 ecoop.or.kr/shop

'설탕 한 봉지의 기적, 네그로스 프로젝트 5년의 기록', 두레생협연합 보고서

WFTO-ASIA 서울컨퍼런스, 2014 자료집

✱ **어디에서, 어떻게 생산한 물건인가?**

'개발에 쫓겨났던 주민들 의자, 박원순 집무실의 회의용으로', 한준규, 〈한국일보〉, 2012년 9월 24일

《너무 늦기 전에 알아야 할 물건 이야기》, 애니 레너드, 김영사

'디자인을 만나 폐품이 명품으로, 업사이클링을 아십니까?', 최태욱, 〈조선닷컴〉, 2015년 3월 24일

✱ **질주하는 쇼핑에 휴식을 권함**

'자사 제품을 사지 말라고 부탁하는 파타고니아', slowalk.tistory.com/1730

✱ **공유, 어디까지 나눠봤니?**

'가지면 3가족 집, 나누니 10가족 집으로', 남은주, 〈한겨레〉, 2014년 10월 9일

'공유경제의 미래와 성공조건', 경기개발연구원(김점산, 지우석, 강상준)

'한 지붕 아홉 가족? 공동주택 소행주 아파트 대안 될까', SBS CNBC, 2013년 9월 23일

'헝가리 시골마을, 마을 몽땅 빌려 줍니다', 〈연합뉴스〉, 2015년 2월 26일

MBC 다큐멘터리, 〈세계의 모든 부엌〉

02 에너지 소비자에서 에너지 생산자로

✳ 냉난방비 걱정 뚝! 패시브 하우스

에너지독립연구소 passiv.co.kr

한국수력원자력 www.khnp.co.kr/지식마당/원자력 기초/세계의 원전

한국패시브건축협회 www.phiko.kr

'핵발전소 사고 대비를 위한 지침서', 녹색연합

✳ 전기요금 줄이는 비법

서울시 에코마일리지 리플릿

'우리 집 에너지 워크숍 자료', 고금숙, 여성환경연대, 2014년 11월 13~14일

✳ 내 몸의 적정온도는 몇 도인가?

서울시 원전하나줄이기 정보센터 리플릿

'우리 집 에너지 워크숍 자료', 고금숙, 여성환경연대, 2014년 11월 13~14일

✳ 햇빛으로 가능한 모든 것

기아자동차 〈Eco Life〉 웹진, 2014년 7월호

'수원시, 전국 최초 친환경 버스승강장 설치', 수원시 보도자료, 2014년 12월 9일

'전력공급+도로기능, 세계 최초 태양광 자전거도로…', 〈서울경제신문〉, 2014년 11월 11일

'직접 만든 태양광 비행기로… 연료 없이 세계일주합니다', MK뉴스, 2015년 3월 9일

'태양', 위키 백과 ko.wikipedia.org/wiki

태양광으로 요리하는 식당 slowalk.tistory.com/1480

EBS 지식채널e, 해바라기 식당 www.ebs.co.kr

✳ 어느 날, 자동차가 모두 사라졌다

'대중교통의 혁명−자유, 평등 그리고 무료!', 목수정, 〈경향신문〉, 2014년 1월 2일

'버스공영제 했더니 요금 싸고 노선 늘고 참 편해졌어', 정대하, 〈한겨레〉, 2014년 5월 29일

'생태교통(Eco Mobility), 우리의 미래', 윤경효, 생태교통수원2013 자료, 2013년

'엄마는 에너지 매니저', 에너지시민연대 자료집

03 도시에서 생태적으로 사는 법

✱ **채소꾸러미, 도시와 농촌의 밥상공동체**

《꾸러미 가이드북》, 금창영, 그물코

'우리들 농장' 밥상꾸러미 편지, 이은경

《충남 홍성 꾸러미 농부들》, 강경안 외 9명 공저, 그물코

✱ **비 오는 날은 부자 되는 날**

《빗물과 당신》, 한무영, 강창래, 알마

'빗물로 만든 맥주', MBC 뉴스, 2009년 10월 10일

《빗물의 비밀》, 한무영, 그물코

✱ **세상 어디에나 텃밭을 일굴 수 있다**

영화 〈트럭농장〉 www.truckfarm.org

✱ **게릴라 가드닝, 온 세상을 꽃으로 점령하라**

《게릴라 가드닝》, 리처드 레이놀즈, 들녘

'도시열섬 현상과 도시숲의 역할' 자료집, '서울의 도시열섬 현상과 대응전략', 오충현, 녹색서울시민위원회, 2009년

'방치된 주차장 터 경작, 아파트 옆 텃밭공동체 됐어요', 김현대, 〈한겨레〉, 2013년 5월 21일

'제1회 수원 그린포럼 2013' 자료집, 김인호, 수원시, 수원그린트러스트

치유와 연대, 생산과 나눔의 공원, 유문종(수원그린트러스트 상임이사), 2013년 1월 23일

'학교 숲 폭력성 낮춰 연구 결과 나와', KBS 뉴스, 2013년 10월 1일

✱ **지구를 살리는 기발한 발명품**

'그린 크리스마스를 보내는 7가지 방법', 〈경향신문〉, 2010년 12월 21일

'압력밥솥의 원리', 네이버 캐스트 navercast.naver.com/contents.nhn?rid=102&contents_id=3348

여성환경연대 그린 크리스마스 캠페인 ecofem.or.kr

'中 1회용 나무젓가락 백안시', 〈연합뉴스〉, 2009년 5월 29일

친환경 회의(Green Meeting) 소개, 2014 제12차 생물다양성협약 당사국총회 자료

환경운동연합 친환경명절 보내기 캠페인 kfem.or.kr

04 인간과 지구의 공존 프로젝트

* **도시인의 행복과 생물다양성의 상관관계**

  《새의 노래 새의 눈물》, 박진영, 자연과 생태

  '생물다양성', 다음 백과사전

  '생물이 왜 소중할까요?', 국립생물자원관 전시물

  《어제를 향해 걷다》, 야마오 산세이, 조화로운 삶

* **미래의 울창한 숲을 상상하라**

  《지구온난화 가이드북》, 푸른아시아, 2008년

  《지구의 미래로 떠난 여행》, 마크 라이너스, 돌베개

  푸른아시아 www.greenasia.kr

  MBC 다큐멘터리 〈기후의 반란〉 3부 '난민'

* **내 몸은 지구 사이즈**

  녹색연합 · 한화환경연구소 공동 생태발자국 조사결과 보고서, 2006년 1월

  《생태발자국》 마티스 워커네이걸 외, 이매진

  '세계 인구', 위키 백과 ko.wikipedia.org

* **1년을 기다려온 환경영화가 왔다**

  서울환경영화제 안내서, 환경재단, 2013 · 2014년

지구인의
도시
사용법

ⓒ 박경화, 2015

초판 1쇄 발행 2015년 7월 6일
초판 10쇄 발행 2023년 11월 13일

지은이 | 박경화
펴낸이 | 이상훈
편집2팀 | 허유진 원아연
마케팅 | 김한성 조재성 박신영 김효진 김애린 오민정

펴낸 곳 | (주)한겨레엔 www.hanibook.co.kr
등록 | 2006년 1월 4일 제313-2006-00003호
주소 | 서울시 마포구 창전로 70(신수동) 화수목빌딩 5층
전화 | 02) 6383-1602~3 **팩스** | 02) 6383-1610
대표메일 | book@hanien.co.kr

ISBN 979-11-6040-715-0 03300